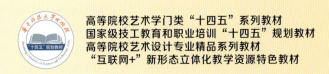

高等院校艺术学门类"十四五"系列教材
国家级技工教育和职业培训"十四五"规划教材
高等院校艺术设计专业精品系列教材
"互联网+"新形态立体化教学资源特色教材

Cultural and Creative Design

文创设计

（第二版）

编　著　何家辉
副主编　胡　甜　方　彬　钱立权　梁　骁　张　婷　张羽琦
参　编　徐世林　许志威　肖琬瑶　孙梦瑶　谭　蝶　陈晓宇
　　　　颜　硕　赵　婷　戴意茹　刘国梦　余周虎　吴怡娴

中国·武汉

内 容 简 介

本书是关于文创设计及应用分析的图书,主要介绍了如何针对市场需求进行系统性的文创设计定位与具体设计。本书具体包括三个方面的内容:一是文创设计相关理论,主要从文创设计概念、政策、特征等方面进行介绍;二是文创设计创作流程和方法,主要从文创设计方法、原则方面并结合实际案例进行介绍;三是文创设计未来发展,结合当下的专业竞赛案例和经典商业品牌案例以及 AIGC 技术的融合应用,主要针对典型案例,结合前沿理论多角度解读和分析案例。本书具有全面系统、资料丰富、内容实用、图文视频并存、实用性强等特点。

本书第一版于 2024 年获评人力资源和社会保障部第四批技工教育和职业培训"十四五"规划教材。本书以作者 12 年文创设计实践和授课经验为基础,以案例为切入点,通过典型案例剖析,以图文或视频的方式,诠释了文创设计的全貌。本书提供了有效、便捷的教学路线,为应用型高校推进创客教育开辟了一条新的道路。本书的出版标志着创客教育,特别是造物设计与方法达到了一个新的高度,有效地推进了创客教育向普及、普惠方向发展。

本书配套资料丰富,包含教学大纲与进度表、课件 PPT、配套教学视频、题库、案例库、实训库、素材库,可作为企业的工具书或培训用书和供文创产业自由工作者使用,亦可作为高等院校的教科书,适合视觉传达设计、环境艺术设计、工业产品设计、数字媒体艺术、机械工程设计、土木工程与建筑设计等方向的学生使用,其他专业亦可参考使用。

《文创设计(第二版)》配套资料

图书在版编目(CIP)数据

文创设计/何家辉编著.—2 版.—武汉:华中科技大学出版社,2024.5
ISBN 978-7-5772-0549-6

Ⅰ.①文… Ⅱ.①何… Ⅲ.①文化产品-产品设计 Ⅳ.①G124

中国国家版本馆 CIP 数据核字(2024)第 043074 号

文创设计(第二版) 　　　　　　　　　　　　　　　　　　　　　　何家辉　编著
Wen-chuang Sheji (Di-er Ban)

策划编辑:彭中军
责任编辑:刘　静
封面设计:孢　子
责任监印:朱　玢
出版发行:华中科技大学出版社(中国·武汉)　　电话:(027)81321913
　　　　　武汉市东湖新技术开发区华工科技园　　邮编:430223
录　　排:武汉创易图文工作室
印　　刷:武汉市洪林印务有限公司
开　　本:889 mm×1194 mm　1/16
印　　张:8.5
字　　数:265 千字
版　　次:2024 年 5 月第 2 版第 1 次印刷
定　　价:59.00 元

本书若有印装质量问题,请向出版社营销中心调换
全国免费服务热线:400-6679-118　竭诚为您服务
版权所有　侵权必究

作 者 简 介

何家辉,湖北工业大学工程技术学院艺术设计系视觉传达教研室副主任、副教授,硕士生导师。湖北工业大学平面设计专业本科,公共艺术设计专业硕士研究生,武汉大学广告学博士在读。2014年主持湖北省教育厅教研课题"'世界文化遗产'湖北咸丰唐崖土司城遗址规划与文化开发研究",2015年主持湖北省教育厅教研课题"数字媒体语境下古典名画的展示传播研究",致力于地域文化符号研究与品牌构建;2017年主持教育部国际合作与交流司"中外合作大学联盟"标志设计。2020年参与国家艺术基金"长江经济带文旅产业品牌策划与设计青年人才培养项目"设计课题"图说长江经济带系列设计形成理论与实践新范式"。独立或参与编写《中国书画与设计》《标志设计》《博物馆里的节日》《历代楹联书法名品集》等12本图书,发表《新媒体语境下中国文创绘本的创意编辑研究》《哈尔滨国际冰雪汽摩园文创产品设计应用与研究》《长江经济带产业创意科普绘本与数字媒体的创意融合研究》等论文数十篇。曾获德国iF设计奖、第十一届全国美育教学成果展教师作品一等奖、中国特色旅游商品大赛铜奖及其他众多专业奖项,指导学生获得各类大奖230余项。担任的学术兼职有中欧国际设计文化协会(CEIDA)会员、全国高校数字艺术设计大赛学术委员会委员、全国高等院校计算机基础教育研究会数字创意专业委员会委员、蓝桥杯大赛视觉设计赛湖北赛区执行秘书长。

何家辉近照

序一

很荣幸受邀为何家辉老师的《文创设计(第二版)》写序,并得以先睹为快。作为全国性的大学生学科竞赛,蓝桥杯大赛一直关注创新与设计的发展。我们认为,优秀的文创设计不仅能够传承文化,还能够引领社会风尚,激发社会创新精神。何教授的这本书全面系统地阐释了文创设计,内容丰富、观点独特,值得文创设计领域的读者深入研读。

首先,本书详细阐述了文创设计的定义、起源、发展、功能、分类以及设计原则和方法。对这些基本概念的系统讲解,可使读者对文创设计产生全面和准确的理解。

其次,本书收录了大量国内外优秀的文创设计案例,通过对这些案例的深入分析,使读者能够直观地了解不同类型的文创设计,并获得灵感和启发。此外,本书还从品牌建设、市场定位、销售推广等角度系统地阐述了文创产品的营销策略,为读者提供了宝贵的经验。

最后,本书不仅关注文创产品的物质形态,还关注其背后所承载的文化内涵和价值观。在新时代背景下,这本书为我们提供了探索具有文化底蕴和生命力的创新和创意能力的启示。

我们相信,通过阅读本书,读者可以更好地理解文创设计,激发创新思维,更好地参与蓝桥杯大赛。再次感谢本书作者的辛勤付出,为读者带来如此优秀的作品。我们也期待参赛选手在蓝桥杯大赛中展现出色的创新设计,共创美好未来!

蓝桥杯全国软件和信息技术专业人才大赛组委会执行秘书长
李艳萍

序二

近年来,"文创"是一个较热的词语,越来越多的商业业态与文化创意元素进行跨界混搭。文创设计是一种将传统文化与现代设计相结合的设计方式,具有文化性、创新性和实用性的特点。文创设计的意义在于将传统文化与现代设计相结合,通过创新的方式传承和推广文化的精髓,同时创造出具有市场价值的文化产品。

在这种背景下,何家辉教授的《文创设计(第二版)》要由华中科技大学出版社出版了。我因受邀写序得以对书稿先睹为快。书稿通篇读下来,可谓是"结构清晰、图文并茂"。书稿提出文创设计的起源与发展,以及功能与分类,使得我们能更透彻地认知文创设计;梳理了文创设计的原则与方法,以及创作流程,使得我们能更清晰地把握文创设计;分析了文创设计的品牌与营销,以及经典案例,使得我们能更明确地提升文创设计水平;同时,有效地理清了文创设计经验,探讨了文创设计路径依赖。

据悉,该教材第一版已经获评人力资源和社会保障部第四批技工教育和职业培训"十四五"规划教材。2023年家辉教授和我交流时,我提出要重视文化创意的品牌营销和人工智能方面,我看在第二版中均得以优化。从书稿中可以清晰地看到他执着地循文创设计之路不断探索迸发,我由此为他感到欣喜,也由衷祝贺他新版教材的出版,并予以推荐。

湖北省文化创意产业协会会长
湖北工业大学艺术设计学院院长、教授、博导
饶鉴

序三

　　作者结合丰富的案例和实践经验,深入剖析了文创设计的核心理念和创作方法。从文化的挖掘与传承,到设计的创新与表达,再到市场的推广与应用,作者为我们提供了详尽而深入的指导。这些内容不仅具有极高的学术价值,也具有很强的实用性,能够帮助我们更好地理解文创设计这一新兴领域。

　　更难能可贵的是,这本书并没有停留在理论的层面,而是结合了大量的实际案例,让我们能够直观地感受到文创设计的魅力和价值。这些案例既有传统的文化元素,也有现代的设计理念;既有历史的厚重感,也有时代的鲜活气息。它们不仅让我们看到了文创设计的无限可能,也让我们对传统文化的传承与创新有了更深刻的认识。

　　此外,本书还注重培养我们的创新思维和实践能力。它鼓励我们打破常规、敢于尝试,用设计的力量去推动文化的传承与创新。这种精神不仅对于设计师来说至关重要,对于每一个热爱文化、热爱生活的人来说,也是一笔宝贵的财富。

　　总之,本书是一本集理论性、实践性、创新性于一体的优秀图书。它不仅能够帮助我们提升设计能力、拓展设计思路,还能够让我们在设计的道路上找到属于自己的方向、实现自我价值。我相信,无论是对于专业设计师来说还是对于广大文化爱好者来说,本书都是一笔不可多得的宝贵财富。

　　在这个充满变革与创新的时代,让我们一起携手走进文创设计的世界,用设计的力量去创造更美好的未来!

东意西合(武汉)文化发展有限公司创始人、汉字造梦 IP 主理人
刘力恒

序四

拜读何家辉老师的这本书，我感觉颇有收获。在文化繁荣发展的大环境下，难得有著作系统阐述文创设计的内涵以及国内外前沿的思潮和设计方法论。

我从2015年开始从事立体纸艺创作设计工作，最初那几年主要为美国的客户定制设计立体贺卡。在和美国的客户对接的过程中我发现，当一个国家的经济发展到一定的高度时，消费者非常愿意消费具有创意和美学特征的产品。这个产品可能并没有很强的功能性，但如果有很漂亮的"颜值"和丰富的情感属性，也非常受消费者欢迎。

之前遇到一个美国客户，她告诉我，很多美国人可能收入不高甚至生活拮据，但是每到圣诞节等节假日很愿意买装饰品来装饰自己的房屋，也非常喜欢给亲朋好友赠送祝福贺卡。对比我们国内，尚且不说上一辈的人，就是我们这一辈的人，在买东西时，主要关注的往往仍然是性价比、质量、使用功能等强功能，至于说仅仅因为美学"颜值"和情感喜爱的属性而购买物品，这种购买动机往往不强。对比发达国家美国和发展中国家中国，我常常思考这两个市场的消费者的消费习惯差异。我得出一个结论：经济发达国家美国的民众是在相对物质富裕的环境中成长起来的，所以不管家庭收入高低，早已过了满足于吃饱穿暖的阶段，有为美学和情感产品消费的习惯，在学校教育、社会环境、家庭教育中，美学的教育也无处不在，整个社会也达到了良好的审美水平；而我们国家虽然近十多年来在经济上有了很大的发展，但总体上来说还是发展中国家，社会的总体消费水平也刚达到小康水平，美学和艺术的相关教育近十几年才开始繁荣起来，年轻的一代刚开始成为消费主流群体，所以在文创产品的消费市场，相较于美国等发达国家可能也是刚起步。不过从另一个角度看，这也意味着我国文创行业的前景非常广阔。可以想象，随着经济的发展，我们国家文创行业的市场规模会非常可观。

长久以来，在我们国内市场，文创产品比较小众，局限于某些文化和爱好者的圈子里，且多以设计的一个图案印在产品上而形成，如以笔记本、帆布袋、冰箱贴等形式出现，这已经算是比较潮的玩法儿了。景区、博物馆等游客众多的地方售卖的旅游纪念品，很多是在义乌小商品批发市场或1688上批发而来的小玩具，或者在小玩具上印个当地景区、博物馆的标志图案作为文创产品。对文创产品的认识开始改观是在2016年前后，故宫的创意珠串耳机等一批创意产品带火了"文创"这个概念，当时很多媒体争相报道——原来文创设计还有这种玩法，将传统文化和现代产品设计相结合如此有趣。紧接着，各大博物馆、美术馆、景区乃至影视游戏的手办和周边，各个领域的文创产品都开始如雨后春笋般出现。

新兴的行业难免出现大家一哄而上的现象，很多原来的礼品公司、广告设计公司、自由设计师、各类工厂都参与到这个新兴的市场中。当然它们各自有各自的优劣势，如：礼品公司的优势是有很好的客户资源和客户服务能力，不足是缺乏产品研发和生产能力；广告设计公司的优势是有良好的设计创意能力，不足是产品生产和工艺经验不足；各类工厂的优势是有很好的制作生产能力及对工艺材质和供应链的把控能力，不足是缺乏原创的设计和创意。上述各种问题的出现，从侧面反映了文创领域对优秀人才的需求是比较迫切的。一名优秀的文创设计师既要有优秀的创意和设计能力，又要有对产品落地生产的还原能力；既要有对客户和市场的敏锐捕捉能力，又要有对供应链前后端的把控能力。

在这种情况下，加之每种文创产品涉及的供应链和工艺差别非常大，文创设计师需要是一个多面手，对产品的方方面面都要有一定的知识积累。例如，在立体纸艺领域，按克重、颜色、材质、加工印制工艺不同，单纸张就有几百种品类，所以学习和熟悉纸张的工艺和材料，需要投入比较的长时间以积累相关知识和经验。

因此，要成为一名优秀的立体纸艺文创设计师，需要不断拓展知识经验的深度和广度，不断学习并实践。

目前设计院校鲜少设置专门的文创专业，传统的设计专业以视觉传达、工业设计、环艺设计等专业为主，所以我们在招聘设计人员时很难招到专业对口的人才。目前的解决办法是招聘有潜力的设计相关专业毕业的实习生，并当作好的苗子来培养，同时和设计院校合作，共同开设公开课，选拔一些有潜力的学生参与到我们的项目当中。

何家辉老师的这一著作，从文创的起源到前沿发展，从设计方法到品牌营销，非常系统地梳理了文创领域的方方面面。对于有志从事文创领域的学习者，相信能从本著作中有所收获。

对于文创设计师来说，在学生阶段能够了解文创行业，并结合自身兴趣和条件学习文创设计相关知识，对职业发展是非常有益的。希望广大文创设计师、文创爱好者、文创类专业的同学们，在阅读和学习何家辉老师的这本著作后，能够有所收获，掌握一定的文创设计技能，提升文创设计水平。

故宫文创合作方、上海美吾文化传播有限公司设计总监

宋扬

前言

回望历史,我们追根溯源,从汉字语意来解读文创。"文"本义为符,上古之时,符文一体,依类象形。"创"本为"刃"字,本义为用刀劈斫,后演变为前驱先路,"刃"后变为"创",引申为开始做、开创之意。"文""创"二字结合,可以归纳为文化的创意之路。徜徉在历史长廊之中,中国文创产品在自然与社会创新、进化的同时,受到外国的影响,渐渐成其今貌,不断传承由华夏风土孕育出的风格。

审视今天,我们对文化创意产品的情感认知以及围绕它的用户体验正在发生急剧变化。旧的思想和器物被推翻淘汰,新的思维和产品也不断被打散重建,文创产品在移动端活跃的"互联网+"新时代成了与衣食住行一样的常备消费品。如此这般急剧的变化,在中国历史中未曾有过。随着近代产业的发展与所谓西式生活的引进,人们对于文化的意识也逐渐变化,直至今日仍未停止。近年兴起的博物馆文创和校园文创,就是对此很好的证明。三星堆博物馆、江西省博物馆相继推出特色"考古盲盒",大量年轻人拿起"洛阳铲",感受考古收获的喜悦。这种"考古"与"盲盒""珠联璧合"的做法,不仅使得专业考古知识走进"寻常百姓家",也让博物馆中陈列的文物获得了新生。清华大学"二校门"立体通知书将古典建筑美学与校园元素相结合,让青年学子感受到了清华大学厚重的人文历史。这些具有中国元素的生活用品和文化产品成为时尚,充分彰显了人们的家国情怀和文化自信。

观望未来,文创产品不只是器皿,还给人带来视觉上的享受和心灵上的喜悦,人们也因此对其产生眷恋,从而产生丰富的心灵活动。文创与音乐、绘画、雕塑等艺术形态产生融合与交互,它们都是人类丰富的心灵活动的产物。创造文创产品的人,体验文创的人,以及围绕着这些人的社会,所有这些元素有序地交互,就形成了文化。随着社会结构渐趋复杂,高度的文明开始产生,文创产品成为文化的条件也逐渐苛刻。科技的发展,使得文创体验从实物推进至虚拟,到未来,也许多维度空间乃至元宇宙,都会成为人们体验文创产品的场所。

综上所述,不管在哪个时代,文创设计都反映了当时的社会现象。一款好的文创产品,还应是文化精神与当代审美相融合的产物,创作者应通过创新和走心,把古老、丰富、深邃的传统文化,用人们易于理解、乐于接受的方式呈现出来,使传统文化在现代生活中得以延续、传承和弘扬,温暖人的心灵,给人以精神力量。从这个意义上讲,文创产品可以说是时代和文化的结晶。在这样的去实物化体验过程中,人们在虚拟的空间会消耗掉更多的碎片化时间。我们应该如何认识不断格式化和不断更新的文创设计呢?

北京冬奥会期间的"一墩难求"现象,燃爆网络的"文创雪糕""考古盲盒",成为"爆款"的敦煌壁画印花运动鞋……近年来,无数文创产品一次又一次"出圈",不但创造了可观的经济价值,也成为优秀传统文化的传播载体。但不可否认的是,在文创产品"出圈"的同时,也有不少文创产品缺乏创意,一味跟风复制,闹出了东施效颦的笑话。究竟什么样的文创产品是好的文创产品不禁引发我们的思考。从北京冬奥会期间"顶流明星"冰墩墩来看,好的文创产品,往往是现象级产品。这样的产品深受广大消费者喜爱,首先是因为有新意。冰晶外壳充满超能量,再装饰色彩光环,整体形象与宇航员形象相似。北京冬奥会吉祥物设计团队从数万份手稿中选择创意方案,最终向世界展示了象征纯洁和力量、健康、活泼和可爱的冰墩墩。随着冰墩墩的走红,剪纸"冰墩墩"、砂糖橘"冰墩墩"、汤圆"冰墩墩"等层出不穷,甚至还有网友为冰墩墩创作歌曲。全民 DIY 冰墩墩热情高涨,是群策群力、不断创新的结果。无论是各式各样的冰墩墩,还是风靡一时的文创雪糕,有新意、有特色是其"出圈"的重要原因。但照此趋势,万物皆与"雪糕""冰墩墩"跨界融合,产品内涵和巧思就会大打折扣,导致创新同质化,也容易让人产生审美疲劳。所以,好的文创产品同样离不开产品设计者满满的"诚心"。另外,优秀的文创设计师在设计文创产品时兼顾产品实用性和消费体验,从而也使得所设计的文创产品屡屡"出圈"并引领潮流。例如,敦煌研究院通过"云游敦煌"小程序、互动短视频,呈现敦煌壁画所蕴含的深厚历史文化内容,实现敦煌"触手可及";故宫博物院打造故宫淘宝、故宫文创、故宫出版等新媒体矩阵,提供多种消费平台,满足消费者的需要……专业的精神、满满的诚意,秉持此道,想必无论是文创雪糕、文创巧克力还是其他文创产品,都会"有深意存焉",从而"长盛不衰",而不是仅仅火爆一时。

当下,文化产业已经进入高质量发展阶段,文创产品生产、消费等各个环节发生着巨大变化。在这种情况下,消费者选择买一件文创产品、观看一集文创类节目,往往带着"听故事"的好奇心,所以,好的文创产品一定是生活化、故事化的。我们也期待更多这样优质的文创产品,以生动、鲜活、走心的形式讲述中国传统文化故事,让传统文化焕发出时代的活力。文创设计师以创意为手法,以产品为载体,从新文创理念出发,结合场景理念,通过故事化与体验化方式传递新文化。文创不等于文创产品。文创设计师所做的所有文创IP设计,无论是产品还是体验升级,目的只有一个,就是把文化故事讲述出来,让受众更好地理解文化的核心。对于文创设计师来说,这个"讲故事的技巧"就是设计。

在思考国内外文创设计的历史、现在、将来时,如果这本书能多少提供一些帮助,笔者将不胜荣幸。再者,本书文字和图片内容虽尽可能参考了众多资料,笔者也实地考察了国内外文创设计产品,如故宫博物院、湖北省博物馆、中国土家族博物馆、浙江省博物馆、德国包豪斯100周年博物馆、新加坡红点设计博物馆、法国卢浮宫博物馆等地,收集了大量的图片资料。这些在本书中均进行了详细的解读和呈现,只是为了使时代特征更便于理解,不一定全部严格遵循特定的文创设计风格或体系,敬请各位读者能够在更多的生活和学习中发现更多文创设计的文化内涵。

今天,文创设计借助互联网的品牌营销和多元传播以及人工智能平台的技术变革,使每一个人都成了文创人,每一个人都能够快捷、便利地将文化创意转换为产品。不同的受众在文创设计中感受到不同的国家以及民族文化生活中温存的感性,在衣食住行的场景体验过程中活化、传递、丰富文创产品和品牌的内涵。文创设计师应将文化故事讲述出来,将文创产品制作出来,让受众更好地理解文化的核心。设计是需要通过实践来完成的,在这最好的时代,文创设计师应保持敏感,领略一器一物的爱与美好,以最好的设计来沉淀时代的价值。

何家辉
2024年3月书于野芷湖畔

目录

第一章　文创设计的定义、起源与发展　　/ 1

第一节　文创设计的定义　　/ 2
第二节　文创设计的起源　　/ 3
第三节　文创设计的发展　　/ 4

第二章　文创设计的功能与分类　　/ 11

第一节　文创设计的功能　　/ 12
第二节　文创设计的分类　　/ 17

第三章　文创设计的原则与方法　　/ 32

第一节　文创设计的原则　　/ 33
第二节　文创设计的方法　　/ 37

第四章　文创设计的创作流程　　/ 42

第一节　市场研究与需求分析　　/ 43
第二节　创意生成与概念开发　　/ 44
第三节　设计实施与原型制作　　/ 45

第五章　文创设计的品牌与营销　　/ 52

第一节　品牌建立与传播方式　　/ 53
第二节　市场定位与目标群体　　/ 57
第三节　销售渠道与推广策略　　/ 57
第四节　未来挑战与机遇探究　　/ 58

第六章　文创设计的案例赏析　　/ 64

第一节　国际文创设计案例　　/ 65
第二节　中国文创设计案例　　/ 72

第七章　文创设计的范式解析　　/ 90

第一节　文创设计案例解析　　/ 91
第二节　文创设计的案例创新范式构建　　/ 100

参考文献　　/ 119

后记　　/ 120

Wen-chuang Sheji

第一章
文创设计的定义、起源与发展

文化创意设计(简称文创设计)主要是形成创意概念,针对文化、知识形成完整的产业设计体系,具有系统性、普及性、传播性及平等性,这也是文创设计能够具有影响力的先决条件。

第一节 文创设计的定义

文创,即文化创意,是以文化为元素,融合多元文化、整理相关学科、利用不同载体而构建的再造与创新的文化现象。文化创意产业(cultural and creative industries,文创产业),是一种在经济全球化背景下产生的,以创造力为核心的新兴产业,是指依靠创意人的智慧、技能和天赋,借助高科技对文化资源进行创造与提升,通过知识产权的开发和运用,生产出高附加值产品,能创造财富且具有就业潜力的产业。

文创产业主要包括传媒、视觉艺术、服装设计、软件和计算机服务等方面的创意群体。我国近几年在文化艺术方面加大建设,如国家大剧院(见图1-1)、北京798艺术区(见图1-2)等,除在既有制造业的优势下寻找出路外,也开始重视文创产业的发展。

图1-1 中国国家大剧院

著名设计师靳埭强说,文化、设计、创意三者不可分离:文化是生活的精华,生活蕴含着创意;设计体现生活,离不开创意和文化。由此,我们可以把文创产业界定为以创意为核心,以文化为灵魂,以科技为支撑,以知识产权的开发和运用为主体的知识密集型、智慧主导型战略产业。

图 1-2　北京 798 艺术区

第二节
文创设计的起源

　　文创设计是伴随着文明的出现而出现的,与人类制陶、编结、种植、畜养、战争、祭祀、装饰等社会活动相互关联,它的核心是人类思想上的变化。文创产业,又叫创意工业、创造性产业、创意经济、文化产业等,在台湾、北京、深圳、杭州等地较盛行。它是在全球化消费的社会背景下兴起的,脱胎于知识经济,推崇个人创造力,强调文化艺术对经济的支持与推动。

　　文创产业是 20 世纪 90 年代发达国家提出的一个概念,后来逐渐演变成一种全新的发展理念。这种理念认为,当代经济的真正财富是由思想、知识、文化、技能和创造力等构成的创意,这种创意来自人的头脑,它会衍生出无穷的新产品、新服务、新市场、新就业机会、新社会财富,是经济和社会发展的重要推动力。一些专家甚至指出,文创产业将会从现代服务业中分离出来,成为一种更高层次的全新产业形态,也就是所谓的第四产业。

第三节
文创设计的发展

英国是世界上第一个提出创意产业概念并运用公共政策推动创意产业发展的国家。工业革命后,英国成为"世界工厂",到 20 世纪 80 年代逐渐失去世界第一制造业大国的地位。1997 年 5 月,为振兴英国经济、调整产业结构、解决就业问题,英国首相布莱尔提议并推动成立了创意产业特别工作小组,该小组负责对英国的创意产业提出发展战略。1998 年,英国政府出台了《英国创意产业路径文件》。这个文件首次提出了创意产业的概念——源自个人创意、技巧及才华,通过知识产权的开发和运用,具有创造财富和就业潜力的行业。根据这个定义,英国将广告、建筑、艺术和文物交易、手工艺品、工业设计、时装设计、电影和录像、互动性娱乐软件、音乐、表演艺术、出版、电脑软件及电脑游戏、广播电视 13 个行业确定为创意产业,文化遗产与旅游产业也被列为重要的相关创意产业。伦敦东北部的克勒肯维尔创意园,如图 1-3 所示,如今已是英国著名的艺术场区,吸引了几百家设计企业进驻。这里拥有一流的音乐厅、剧院、展览馆、电影院与博物馆,还有各种酒吧。这里的 Sadler's Wells 和 Barbican 艺术中心会不时举办先锋展览、怪诞的行为艺术展及另类装置展。

图 1-3　伦敦克勒肯维尔创意园

此后,世界各国的专家学者对创意产业进行了深入研究,并根据不同的国家战略、地域特征、文化政策、产业导向对其做出了不同的定义。"世界创意经济之父"霍金斯在《创意经济》(见图 1-4)一书中,把创意产业界定为产品都在知识产权法的保护范围内的经济部门。知识产权有四大类,即专利、版权、商标和设计。霍金斯认为,知识产权法的每一形式都有庞大的工业与之相应,这四种工业加在一起就组成了创造性产业和创造性经济。其后,许多国家和地区也纷纷提出相关概念,这些相关概念主要包括版权产业、文化产业、休闲产业、体验经济、注意力经济等。

图 1-4　霍金斯及《创意经济》

对创意产业的理解主要分为三种。第一种是以美国为代表的版权型,如迪士尼。迪士尼是世界动画产业的先驱和龙头,为世人带来了米老鼠等经典形象,其动画、各种周边、电影极受欢迎,最受欢迎的还是美国文化符号迪士尼主题公园,如图1-5所示。第二种是以英国为代表的创意型。有人将伦敦创意产业的成功归结为英国历史上工业革命与科技发展的优秀传统,抑或是大不列颠悠久的艺术品位,不管是前者还是后者,都完美解释了伦敦独立书店独树一帜的原因。如果你热爱艺术又喜欢逛书店,不妨去逛伦敦这些各具特色的独立艺术书店,在淡淡书香中消磨一天的时光。诺丁山是英国伦敦西区地名,靠近海德公园西北角,1999年因朱莉娅·罗伯茨及休·格兰特主演的爱情电影《诺丁山》而被世界所熟知。这部经典电影中两位主角相遇的书店,现实中也是存在的,叫旅行书店(The Travel Book Co.),如图1-6所示。诺丁山旅行书店坐落于诺丁山一条充满活力和文化气息的小街Blenheim Crescent上,与咖啡馆、手工艺品店、画廊、花店为邻,深蓝色的书店门面令人想起休·格兰特扮演的威廉所居住的蓝门房子。第三种是以中国、韩国为代表的文化型。近年来,中国故宫博物院的文创产品系列引起了惊人的热潮。其中,故宫博物院以《千里江山图》为设计灵感的文创产品更是推陈出新,将原图色彩进行剥离抽取,转变为珠宝首饰上最亮眼的那一抹蓝绿色,清丽秀雅,富有灵气。该系列首饰以青绿为质、金碧为纹,将青金石、孔雀石这两种宝石与贵金属结合,将青绿山水的灵动气韵融入现代珠宝,如图1-7所示。在韩国,有一款名为"LINE"的聊天通信软件,用LINE FRIENDS里面的卡通人物制作成聊天时候表达心情的贴图或动画,随着这些贴图和动画越来越火,韩国各地出现了许多LINE FRIENDS卡通主题商店(见图1-8),并逐渐遍布全球。

迪士尼IP
文创设计

图1-5　美国文化符号迪士尼

图 1-6 诺丁山旅行书店及电影《诺丁山》中的场景

《千里江山图》文创设计

图1-7 故宫博物院文创产品——千里江山·青绿山水项链

图 1-8　LINE FRIENDS 中的卡通人物及卡通主题商店

21世纪,整个社会迎来体验经济时代,人们的需求已经从基本物质需求升级为情感诉求和精神诉求,因此,提升产品背后的文化内涵和体验价值成为提高产品核心竞争力和实现文化传承的重要途径。体验经济刺激了体验在文创产业中的地位,基于体验的文化产品创意设计将迎来新契机。我国对文创产业的形态和业态进行了界定,明确提出了国家发展文创产业的主要任务,这标志着国家已经将文创产业放在文化创新的高度进行了整体布局。

综上所述,在实际的政策运用或政府的产业统计中,各个国家和地区由于经济社会发展阶段及文化背景的不同,对创意产业内涵与外延的提法或界定也存在一定的差异,而文创产业虽然目前仍无规范的表述,但其核心内容基本一致。第一,文创产业的核心是创意。文创产业是知识经济时代的产物,特别强调人的创造力、技能、天赋在文化艺术和其他知识产品、智能产品生产中的运用,是一种典型的智力型产业(或者说"大脑经济""智慧经济")。第二,文创产业的灵魂是文化。创意源于文化并高于文化,是对文化资源的一种创造性开发和利用,是基于文化对经济社会的渗透力和影响力的一种拓展和挖掘。创意产业有了文化,就有了灵气、有了品位、有了更强的竞争力。从这个意义上说,文创产业就是"创意+文化"的产物。也正因为如此,我们认为文创产业的提法比创意产业更贴切。第三,文创产业的支撑是科技。文创产业是信息时代的产物,离不开现代高科技的支撑。不仅文创产品的产生和传播必须依托高科技(特别是信息和网络技术),而且文创产业的一些门类(特别是信息服务业)本身就与高新技术产业密不可分。从这个意义上说,文创产业是"人脑+文化+电脑"或者说"创意+文化+科技"的产物。第四,文创产业的属性是产业。文化和创意是受时空限制最小的全球性资源。文创产业是极具扩张性、开放性、带动性的产业,它发展到今天,已突破单一的文化产业领域,开始渗透到国民经济的各个领域,影响到生产经营的各个环节,不仅为消费者服务,更为生产者服务,它不仅能创造出无穷的新产品、新服务、新市场、新就业机会、新社会财富,而且能极大地提升产业能级。

课后练习

一、思考题

在文创设计的发展中,是什么在很大程度上推动了它的发展?

二、实训题

文创设计作品分析训练。要求:搜集国内外获奖文创设计作品五个,尝试分析它们的设计风格和表现形式,阐述过程中必须逻辑清晰地表达作品的风格特点。

Wen-chuang Sheji

第二章
文创设计的功能与分类

文化是创意产业赖以存在和发展的土壤,个人思想与社会文化环境之间的碰撞与融合产生创意,创意与特定的文化环境密切相关。具有特定文化内涵的创意才更容易被目标人群认可和接纳,从而创造价值与财富。创意无处不在,但创意产业中所讲的创意是以财富的创造为最终目的的。创意者通过一系列运作将创意变为生意,在给自身带来财富的同时,也为社会创造了财富和就业机会。

第一节 文创设计的功能

创意产业超越了一般文化产业或内容产业的含义,它不仅注重文化的经济性,更注重产业的文化性,更多地强调文创内容与第一产业、第二产业、第三产业的融合和渗透。竞争战略之父迈克尔·波特认为,基于文化的优势是最根本的、最难以替代和模仿的、最持久的和最核心的竞争优势。所以,文化才是城市"最大的不动产",而能否有效协调文化产业与城市的关系,把握好文化城市未来的发展趋势,抓住文创产业发展的良机,是一座城市能否脱颖而出的关键。伦敦(London),如图2-1所示,是大不列颠及北爱尔兰联合王国(简称英国)首都,是欧洲最大的城市,与美国纽约并列世界上最大的金融中心,与美国纽约、中国香港并称为"纽伦港"。伦敦是英国的政治、经济、文化、金融中心和世界著名的旅游胜地,有众多名胜。伦敦是多元化的大都市,其居民来自世界各地,因此它是一个种族、宗教与文化的大熔炉,这座城市中使用的语言超过300种。文创产业发展的突出是这座城市举世闻名的关键。

图2-1 世界文化名城——伦敦

一、文化传播

文创产业是典型的"大脑经济""智慧经济",也是生活型经济、文化型经济,可以说,文创产业是知识分子创业的首选。文化传播是文创产业的功能之一。在我国,有很多的文化名城,它们也肩负着传播文化的重任。中国首都北京,如图2-2所示,是中华人民共和国的中心城市,也是全国政治中心、文化中心、国际交往中心及科技创新中心。北京是首批国家历史文化名城之一和世界上拥有世界文化遗产最多的城市,其悠久的历史孕育了故宫、天坛、长城、颐和园等名胜古迹。世界顶尖的高校——清华大学和北京大学也设立于北京。另外,北京还是世界上第一个既承办过夏季奥运会又举办过冬季奥运会的城市。

图2-2　世界文化名城——北京　　　　　　　　　　　　故宫文创设计

二、艺术审美

在跨界文化交流日益频繁的当代社会,跨地域的审美经验以及不同文化传统与审美习性的密切关系,影响着当代文创设计的艺术风格及其意义阐释。对于中国当代美学而言,当代美学不能忽视这种文化关系的制约作用,要高度重视当代中国审美经验的特殊性,注重分析中华美学精神在当代社会的创造性发展和呈现,对当代文学艺术的美学风格、审美表征以及审美认同的社会基础做出理论分析和概括,从而形成中国特色的当代美学理论。一座城市的艺术氛围和文化氛围是无形的财富。例如,中国深圳,从一个小渔村发展成为一座现代化城市,人均GDP位居中国第一,创造了世界城市化、工业化和现代化的奇迹。从昔日的"文化沙漠"到今天的"设计之都"(见图2-3)、"阅读之城",处于改革开放最前沿的深圳,以40多年跨越发展的伟大实践,积淀出独特的城市文化内涵和精神气质。文化,作为国家和民族的灵魂,在城市发展方面起着至关重要的作用。文化自信是一个国家、一个民族发展中更基本、更深沉、更持久的力量。文创产业的发达,其实从另一方面反映了人们生活水平的提高和精神文化的不断丰富。正如人类未来学家阿尔文·托夫勒所预言的,资本时代已经过去,创意时代已经到来。

图 2-3　设计之都——中国深圳

三、信息传达

一座城市的综合实力,主要由经济"硬实力"和文化"软实力"构成。提升城市综合实力,既要关注经济,也要关注文化。当今时代,文化"软实力"在城市综合实力中越来越重要,而提高文化"软实力",归根结底是要提升文创产业的竞争力。在文化市场上,最终要靠文创产业的竞争力决胜负。更为重要的是,随着经济文化化、文化经济化及经济文化一体化加速发展,文创产业已成为先进生产力越来越重要的组成部分,文化"软实力"已成为经济"硬实力"越来越重要的组成部分。无论是提升经济"硬实力",还是提升文化"软实力",都已离不开文创产业。我国设计之都上海(见图 2-4)在 2004 年率先提出并开始推动创意产业发展,上海市委、市政府明确要求加快形成以服务经济为主的产业结构,并把文化和创意产业作为重要的发展内容。上海创意产业总产出增加值从 2004 年的 493 亿元增至 2009 年的 1 148 亿元,占全市 GDP 比重从 5.8% 提高到 7.7%;2009 年上海创意产业总产出为 3 900 亿元,增加值增长 17.6%,从业人员约为 95 万人,其中研发设计创意产出额增加值增长 23.6%,建筑设计增长 18.9%。上海创意产业具有研发设计、建筑设计、文化传媒、咨询策划和时尚消费五大创意产业门类,形成了总建筑面积约为 250 万平方米的创意产业集聚区,入驻企业超过 5 000 家,吸引了来自 30 多个国家和地区的从业人员逾 8 万人,累计吸收了近百亿元社会资金。

图 2-4　设计之都——上海

四、商业宣传

　　文创产业是21世纪的黄金产业,是世界各国竞相发展的朝阳产业。微软总裁比尔·盖茨说过,创意具有裂变效应,一盎司创意能够带来无数商业利益、商业奇迹。霍金斯在《创意经济》一书中提及,全球创意经济每天创造220亿美元产值,并以5%的速度递增。创意经济已成浪潮,并伴随着经济全球化席卷世界。正因为如此,日本人喊出了"独创力关系国家兴亡"的口号;韩国人贴出了"资源有限,创意无限"的标语;美国人写出了"资本的时代已经过去,创意的时代已经来临"的格言;新加坡早在1998年就制定了"创意新加坡计划",2002年又明确提出要把新加坡建成全球的文化和设计中心及全球的媒体中心,位于滨海湾花园的"擎天树"创意吸引了全世界的人们,如图2-5所示;我国香港、台湾等地也在全力打造"创意之都"。

图2-5　新加坡滨海湾花园"擎天树"

五、交互体验

文创产业几乎不消耗不可再生的物质资源,对环境几乎不产生污染,相反,一个好的创意和策划,不仅能大幅度提高企业知名度,增加产品附加值,扩大市场占有率,而且能使许多传统产业和传统产品焕发生机,对提高人们经济生活品质、文化生活品质、社会生活品质、环境生活品质具有独特的、不可替代的作用。

2013年5月,北京故宫博物院发布了一款《胤禛美人图》应用软件,界面如图2-6所示,旨在向广大年轻用户介绍故宫的《胤禛美人图》。这款应用软件已在2013年获DFA亚洲最具影响力设计奖,其内容主体是12幅绢本设色画,以立轴画卷展现,伴随着悠扬典雅的乐声,用户可以观赏每幅图画作品细节。对于画面的展现,制作方很是用了一些心思:画面不但可以全局观赏,也可以用鉴赏模式激活一个虚拟的放大镜进行细节观赏;每一幅图还带有画面构图以及绘画艺术方面的鉴赏文字,虽然文字简单但看得出是真正的专业人士点评。特别的是,画面中出现的物件旁边都有一个3D的小花标志不断旋转和闪动,点击这个标志就能激活子页面——专门介绍画面中出现的器物的背景——甚至有些还能实现全面立体的器物展示,充分展现了多媒体技术为现代电子出版物带来的特殊阅读体验。这款应用软件的文案撰写也拿捏得比较好,既介绍了美人绢本设色画的出处,又有雍正皇帝胤禛的生平简介,还展示了专家们对12幅美人图的研究过程。

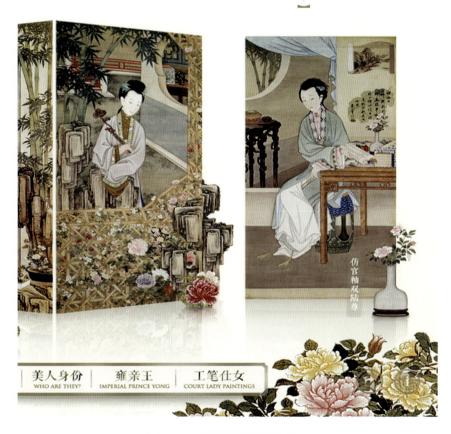

图 2-6 《胤禛美人图》软件界面

第二节
文创设计的分类

国内也将创意产业划分为三部分内容：一是通常所指的传统文化产业；二是与通信、网络相关的软件、动漫等数字内容产业；三是与传统产业相关的各类设计、咨询、策划等产业，包括工业设计、建筑设计和会展策划等内容。国内制定的创意产业政策多集中于地市级层面，因此，创意产业在具体发展的过程中，并非各门类全面发展，而是优先发展在本地区具有优势的相应细分产业。

文创产业涵盖面很广,产业链很长。发展文创产业,必须立足一座城市的资源禀赋,依托现有产业基础,瞄准世界发展大势,找准比较优势、打造竞争优势、构筑产业优势,坚持有所为而有所不为,捏紧拳头,重点突破。当前,外部环境已经出现了四个重大变化:第一是经济全球化;第二是新型城市化;第三是新技术革命;第四是过剩经济,也就是买方经济。

在文创产业蓬勃发展且越来越注重体验的趋势下,设计师们开始从体验的视角审视文创产品的创新设计,在产品的体验设计、文化元素应用等理论研究基础上,探索文创产品的创新设计新模式——将体验设计应用到文创设计中,以期为文化产品创新设计提供更系统有效的理论指导。杭州的文创设计在人文、商业及体验方面进行了大量的探索,并在当下取得了示范性的城市效应,其代表作如图2-7所示。

最忆是杭州
文创设计

图2-7 杭州文创设计代表作

一、商业文创设计

商业文创主要指以下三个方面。

一是信息服务业,主要是指互联网信息服务业和广播电视传输服务业。发展信息服务业,主要应突出两个重点:一是电子商务,现如今我国有一大批电子商务网站和信息服务平台,涌现了一大批电子商务龙头企业;二是数字虚拟,要以人工智能、虚拟现实、物联网三大经济为支撑,一手抓产业的智慧化、城市的智慧化,一手抓智慧的产业化、智慧的城市经济化,大力推进以智慧经济为载体的智慧城市建设。例如,蚂蚁金服(见图2-8)以"让信用等于财富"为愿景,致力于打造开放的生态系统,通过"互联网推进器"计划,助力金融机构和合作伙伴加速迈向"互联网+",为小微企业和个人消费者提供普惠金融服务,以移动互联、大数据、云计算为基础,是中国普惠金融的重要实践,旗下有支付宝、余额宝、招财宝、蚂蚁聚宝、网商银行、蚂蚁花呗、芝麻信用等子业务板块。之所以选择"蚂蚁金服"这个名字并采用蚂蚁这一形象,是因为这个机构旨在从小微做起,就像蚂蚁一样,虽然渺小但齐心协力,也能拥有惊人的力量,在去往目的地的道路上永不放弃。

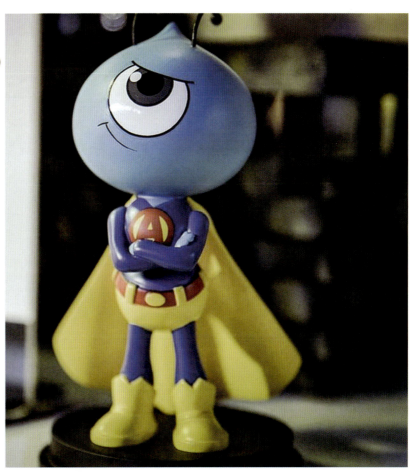

图2-8　蚂蚁金服

二是动漫游戏业,主要是指动漫制作、网络游戏等数字娱乐行业。动漫游戏业具有低能源消耗、零环境污染、高产业价值、多就业机会等特点和优势。全国多地提出打造"动漫之都"目标,有关部门也制定了动漫游戏产业发展规划及相关扶持政策,在全国各地吸引动漫游戏企业入驻,依托现有基础和优势,进一步提升中国动漫品牌。就动漫制作而言,每一个城市都需要一个超级角色 IP(intellectual property,知识产权),它能极大提升城市品牌的记忆度,并能为城市带来直接或间接的经济效益。

比如,德国柏林的象征是熊,在柏林的市徽和各种纪念建筑物上都能见到它,柏林的街头巷尾也可以见到好多雕塑以熊为对象进行艺术创作,同时,熊也是在柏林举办的第十二届世界田径锦标赛的吉祥物。因此,对柏林进行动漫 IP 制作时,设计师们创作了柏林熊形象,如图 2-9 所示。

图 2-9　柏林熊

续图 2-9

又如,日本熊本县的吉祥物熊本熊,如图 2-10 所示,是日本熊本县营业部长兼幸福部长、熊本县地方吉祥物,是日本第一位吉祥物公务员。最初设计熊本熊的目的是将其作为吉祥物,为熊本县带来更多的旅游以及其他附加收入。后来,熊本熊依靠自身呆萌的形象、独特的授权运营方式,在日本及其他国家和地区受到了超乎想象的欢迎,成为在世界上拥有极高人气的吉祥物。这个独特而可爱的形象,在振兴熊本县经济、宣传熊本县方面起到了很强的推动作用。

三是设计服务业,主要是指以先进装备制造设计、服装设计、包装设计、模型设计等为重点的工业设计业,建筑设计及装潢、图文制作、建筑模型制作等相关行业,以及环境规划设计、园艺设计、城市色彩设计等新兴设计业。在当今创意经济时代,设计服务业正日益成为推动文创产业发展的重要力量。作为文化与创意的结合体,文创设计不仅能够满足人们对物质生活的需求,还能丰富人们的精神世界。因此,如何将设计服务与文创设计相结合,成为众多企业和设计师关注的热点。无论是每天精心搭配的服装,还是一日三餐使用的厨具,抑或是供人们休息的住所,以及来来往往搭乘的交通工具,都存在着设计,并与人们的衣食住行融入在一起。衣食住行领域的设计产品(见图2-11)因与生活紧密相连而需要满足多种需求。随着全民设计意识的提高,目前国内的产品已经从原先单纯的功能满足转变成对衣食住行更高品质的追求,尽管仍然存在着一些不合理的情况,但能明显感觉到正逐步更新换代。融入设计元素,能让人们在衣食住行领域体验到便捷的生活方式,同时也能优化人们的生活体验,并借助设计中对美的要求,带动个人精神层面和感官方面体验的提升。

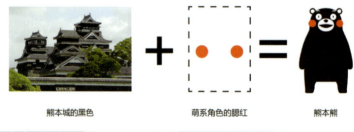

熊本熊 IP 文创设计　　　　　　　　　　　　　　　　图 2-10　熊本熊

图 2-11　创意设计与衣食住行

二、公共文创设计

一是现代传媒业,主要是指依托现代高科技特别是信息、数字技术的广播影视业、新闻出版业。要坚持走多媒体、跨媒体经营之路,推动纸质媒体与广播电视媒体合作、传统媒体与网络媒体融合,扶持重点影视制作机构,不断做大做强现代传媒业。例如,2004 年 6 月,湖南卫视正式确定打造"中国最具活力的电视娱乐品牌"的目标,秉持"快乐中国"的核心理念,如图 2-12 所示,这也是国内所有电视媒体中,对自身品牌进行清晰定位与形象区隔的第一家。

二是艺术品业,主要是指绘画、书法、雕塑、篆刻、工艺美术等视觉艺术业。要加快培养艺术品鉴定师、艺术品评估师、艺术品经纪人、艺术品评论家等专业技术人才;发挥民营经济发达的优势,依托专业机构,培养一大批高素质的艺术品收藏家;坚决打击制假售假行为,建立艺术品经营企业诚信制度,公开评审、推介和保障有信誉的艺术品经营单位,形成规范的艺术品交易市场。例如,西泠印社作为国内最负盛名的民间学术团体,在金石篆刻和出版领域有着不容忽视的地位。作为一个学术社团,西泠印社已有逾百年的历史,1904 年成立的它,比大名鼎鼎的新华书店还要再早 33 年。吴昌硕、马衡、张宗祥、沙孟海、赵朴初、启功、饶宗颐皆是它的历任社长。成立 100 余年以来,西泠印社社员有 500 多名,且多为学术大家。西泠印社的诞生与发展正是印学史上的一个高峰。发展至今,西泠印社还成立了子单位与品牌,涉足了新的领域,比如 2004 年成立的西泠印社拍卖有限公司,以及文创礼品专属品牌——西泠印象,如图 2-13 所示。"一袋宗师"(见图 2-14 和图 2-15)是西泠印社出品的帆布袋,其设计元素取自西泠印社三位名家(弘一法师——俗名李叔同,西泠印社社员,是"二十文章惊海内"的大家,更是普度众生的高僧;丁辅之——西泠印社"创社四英"

图 2-12　湖南卫视"快乐中国"

之一,所画之花卉瓜果极其璀璨芬芳;吴昌硕——西泠印社首任社长,诗书画印四绝,被誉为"文人画最后的高峰")笔墨,笔走龙蛇间尽现一代宗师绝世风华。

西泠印社文创设计

图 2-13　西泠印象品牌图标

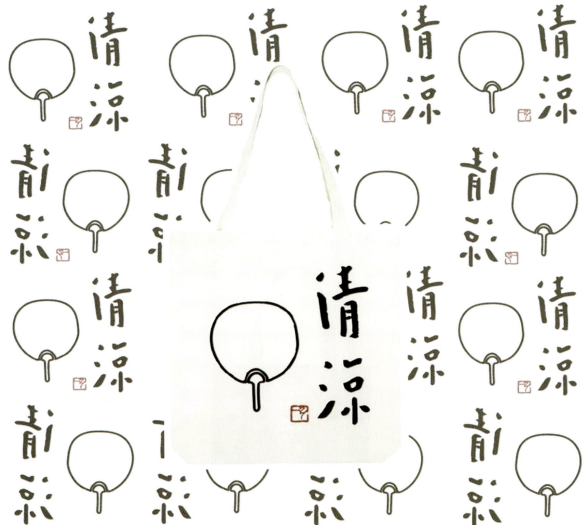

图 2-14 西泠印社"一袋宗师"设计图

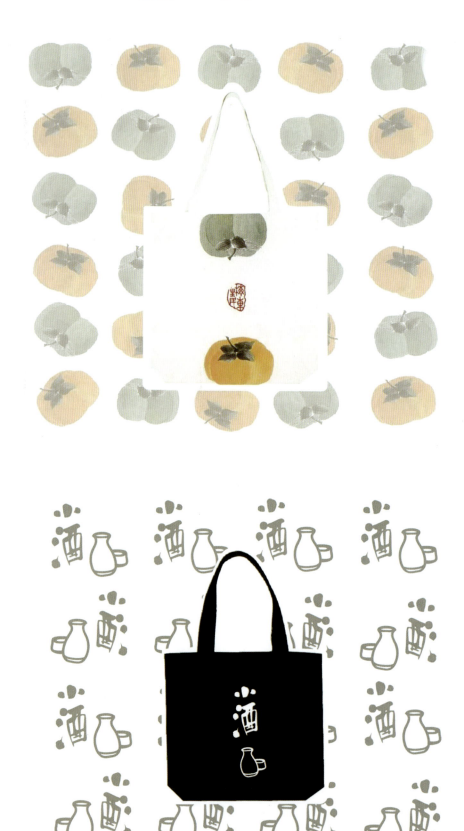

续图 2-14

图 2-15 "一袋宗师"帆布袋实物图

续图 2-15

三是教育培训业。要依托高校和职业技术培训学校雄厚的师资力量、良好的教学设施和丰富的办学经验，坚持高起点、差异化、多元化，大力发展教育培训业，特别是加强高教功能区建设，促进民办高等教育发展。清华大学在 2018 年录取通知书中夹带了一份 3D 版二校门，如图 2-16 所示，该二校门模型由 30 多个纸艺部件、上百个拼插结构构成，经过激光雕刻、拼插组装，是清华大学学生利用特殊纸材的"妙手生花"。打开录取通知书，二校门模型就会"站立"起来。清华大学二校门是清华大学的标志性建筑，把二校门模型放到录取通知书中，既传递着历史的庄严与厚重，也承载着新时代的另一番意味——灵感与智慧、青春与未来。

四是文化休闲旅游业，主要是指以人文资源为内涵的休闲旅游业。要坚持把文化和旅游有机结合起来，凸显旅游的文化特色，推动文化休闲旅游业加快发展，通过积极挖掘旅游的文化内涵，着力打造旅游文化演艺产品，确立旅游文化演艺业的领先地位；坚持转变经济发展方式与转变城市发展方式相结合，以历史文化遗产保护为导向，以重大建设工程为载体，将城市打造成特殊的巨型旅游产品，推进城市旅游从数量扩张型向质量效益型转变，从"拆老城、建新城"向"保老城、建新城"转变，从"以管理者为中心"向"以游客为中心"转变，积极推进从"旅游城市"向"城市旅游"的历史性跨越。例如，文创作品《印象·丽江》，如图 2-17 所示，是继《印象·刘三姐》之后推出的又一部大型实景演出，总投资达 2.5 亿元，上篇为"雪山印象"，下篇为"古城印象"。原生态大型实景演出《印象·丽江》，由中国极具影响力的导演张艺谋携手王潮歌、樊跃共同执导，历时一年多，经上百次修改完成，演出剧场位于海拔 3 050 米的实景演出场地——玉龙雪山景区甘海子，是我国第一部在白天进行的实景演出。参演人员由《印象·刘三姐》的原班人马组成。《印象·丽江》以雪山为背景，汲天地之灵气，取自然之大成，以民俗文化为载体，用大手笔的写意，让生命的真实与震撼如此贴近每一个人。

图 2-16　清华大学 3D 录取通知书

清华大学
文创设计

五是文化会展业,主要是指文化类会展或富有文化创意特色的会展业。借助一系列会议、赛事,可提升城市综合能级,为文创产业发展注入新动力。近年来,文化会展业形成了创意策划、场馆管理、会展传播、招商代理、广告代理、布展设计、设备租赁等相配套的产业链,从展览、会议拓展到了品牌推广、大型节庆文化活动、体育赛事等领域,培育了一批以杭州地域文化为内涵、特色产业为依托的国际性和全国性会展品牌。例如,2016 年"最忆是杭州"文艺演出,如图 2-18 所示,在杭州西湖岳湖景区内,为二十国集团领导人杭州峰会(G20)与会人呈上大型水上情景表演交响音乐会。这是国内首次在户外的水上舞台上举办大型交响音乐会,共 9 个节目,总时长 50 分钟。此次演出由著名导演张艺谋亲自执导,舞台设置于水下 3 厘米处,演出节目包括交响乐、舞蹈、越剧、古琴大提琴合奏、钢琴独奏等,中西合璧、精彩纷呈。

图 2-17 《印象·丽江》

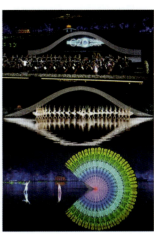

图 2-18 "最忆是杭州"文艺演出

> 课后练习

一、思考题

文创设计的五个功能和两个分类是什么?

二、实训题

搜集近期商业文创设计作品、公共文创设计作品各五个,从文创设计的五个功能进行解读,制作成 PPT 格式演示文稿,在课堂上分享交流。要求:搜集的文创设计作品尽可能在设计风格和表现手法上有差异化体现。

第三章
文创设计的原则与方法

从"吃住行游购娱"到"商养学闲情奇",随着社会物质生活水平的提高而不断加快,人们文化内涵与文化体验需求不断提升。由此,设计感十足、独具特色、承载了文化内涵的特色文创商品逐步走俏,在大众心中占据越来越重要的地位。一个优秀的文创产品,既具有产品实用功能性,所蕴含的精神文化又能够带给人生活上的便利与文化上的认同归属感。

第一节 文创设计的原则

随着文创产业的兴起,如何提升文创产品价值成为一个热门话题。文创设计的创新、易懂、美感、适用、环保等五大原则,为文创设计领域提供参考。

一、创新

创新被列为文创设计的五大原则之一。对于文创设计来说,创新是至关重要的,因为它能够使产品在市场上脱颖而出,并赋予文化新的生命和价值。

首先,创新原则要求设计师在产品设计中发挥创意,打破传统思维模式,探索新的设计理念和手法。这可以通过研究文化内涵、历史背景和市场趋势等途径来实现。例如,设计师可以运用现代科技手段,将传统元素与现代设计相结合,创造出具有独特魅力的文创产品。

其次,创新原则要求设计师关注用户体验,从用户需求和喜好出发,进行产品功能和外观的创新设计。这意味着设计师需要深入了解目标用户的特点和需求,以便为他们提供个性化的文创产品。

最后,创新原则还体现在对材料、工艺和技术的创新运用上。设计师可以通过探索新的材料和技术,创造出具有独特质感和视觉效果的文创产品。例如,通过使用环保材料、引入智能技术等手段,为文创设计带来新的可能性。

综上所述,创新是文创设计的重要原则之一。通过打破传统思维模式、关注用户体验、探索新的材料和技术等途径,设计师可以创造出具有独特魅力和价值的文创产品。

二、易懂

文创产品的设计需要让消费者能够轻松理解并使用,这要求设计师在实现创新的同时,也要考虑到产品的易用性,如产品的操作界面是否简洁明了、产品的功能是否符合用户的需求,以及产品的使用体验是否舒适等。设计师可以通过用户调研、原型测试、反馈迭代等方式来确保产品具有易用性。

例如,一个成功的文创产品案例——中国的"一带一路"纪念银章(见图3-1),该产品不仅在外观上实现了创新,设计理念和主题也符合"一带一路"倡议的精神,这使得该产品能够为大众所理解并接受。此外,该产品的包装和说明书(见图3-2)也十分清晰明了,为消费者提供了很好的使用体验。

(a)正面图案　　　　　　　　　(b)正面图案　　　　　　　　　(c)背面图案

图 3-1　中国"一带一路"纪念银章

图 3-2　中国"一带一路"纪念册包装和说明书

综上所述,易懂原则是文创设计中的重要原则之一,它要求设计师在实现创新的同时,也要考虑到产品的易用性和使用体验。这有助于提高产品的质量和用户体验,从而促进文创产业的发展。

三、美感

美感是文创设计的关键原则之一,它关注产品的外观和视觉吸引力。这一原则要求设计师注重产品的视觉设计,使产品在审美上令人满意,从而增加产品的吸引力和影响力。以下是对美感原则的详细说明。

视觉吸引力:美感原则要求产品在视觉上具有吸引力。设计师应该注重产品的外观,包括颜色、形状、版式和图形等方面的设计。通过精心设计的视觉元素,产品能够引起受众的兴趣,吸引受众的注意。

独特性和创意:美感与独特性和创意密切相关。设计师应该追求与众不同的设计理念,创造出独特的产品。通过创新的设计元素和独特的艺术审美,产品能够在市场上脱颖而出,引起受众的共鸣。

情感表达:美感是一种情感。产品的设计应该能够传达文化内涵和情感,使受众产生情感共鸣。通过艺术化的设计和符号表达,产品可以激发受众的情感体验。

品质和精细度:美感不仅关注外观,还与产品的品质和精细度有关。高品质的制作和精湛的工艺可以增加产品的价值和吸引力。精细度体现在细节的处理和材料的选择上,这些因素共同构成产品的整体美感。

文化内涵的呈现:美感可以用来呈现文化内涵。通过艺术化的手法和符号的运用,设计师可以将文化元素巧妙地融入产品中,使产品具有独特的文化内涵和价值。美感与文化表达相互交融,为产品增色不少。

综上所述,美感是文创设计的关键原则,它强调产品的视觉吸引力、独特性、情感表达、品质和文化内涵的呈现。设计时遵循美感原则的文创产品不仅在审美上令人满意,还为文化传播和商业宣传提供更强的吸引力。美感原则的应用使产品更具艺术价值,并赋予文化新的生命和价值,推动文创产业不断发展。

四、适用

在文创设计中,适用原则指的是设计出的产品应该满足用户的需求,并且能够在实际使用中发挥应有的功能和效果。在文创设计中,适用原则是非常重要的一部分,因为它直接关系到产品的质量和用户体验。

首先,文创设计要满足用户的需求。这需要设计师对目标用户进行深入的研究和分析,了解他们的文化背景、消费习惯、兴趣爱好等方面的信息,以便能够设计出更加符合用户需求的产品。例如,针对不同年龄段的用户,文创设计应该有所不同。儿童更加注重产品的趣味性和互动性,而成年人则更加注重产品的实用性和美观性。因此,设计师需要在产品的设计过程中考虑到这些因素,以满足不同用户的需求。

其次,文创产品应该能够在实际使用中发挥应有的功能和效果。例如,一个基于手机应用的文创产品应该能够方便用户在手机上操作和使用,同时也要能够为用户提供所需的信息和服务。如果设计出的产品在实际使用中无法发挥应有的功能和效果,那么就会给用户带来不便,甚至会导致用户的流失。

最后,文创设计还应该考虑到产品的实用性和耐用性。产品的实用性是指产品应该具有实际的使用价值,而不是仅仅作为装饰品或收藏品。产品的耐用性是指产品应该能够经受住日常使用中的磨损和损耗,以保证产品的使用寿命。

设计师需要根据目标用户的需求和实际使用场景来设计产品,以保证产品的实用性和耐用性。同时,设计师还需要不断关注市场动态和用户反馈,以便能够及时调整和优化产品设计,提高产品的质量和用户体验。

五、环保

在文创设计中,环保原则越来越受到重视。这要求设计师在产品设计中注重环保和可持续发展,以减少对环境的负面影响,同时促进资源的有效利用和生态平衡。

首先,设计师应该选择环保的材料和制作工艺,以减少对自然资源的消耗和浪费。例如,使用可再生材料、生物降解材料和环保包装材料等,以替代传统的不可再生材料和包装材料。同时,采用节能减排、绿色制造等工艺和技术,以减少对环境的污染和破坏。(图 3-3 和图 3-4)

图 3-3　可持续飞行餐盘

其次,设计师应该注重产品的循环利用和再利用。文创产品应该具有寿命长、可维修和可回收等特点,以便在使用寿命结束后仍能够进行二次利用或回收再利用。这不仅可以减少对环境的污染和浪费,还可以降低产品的生产成本和维护成本。

再次,设计师应该考虑到产品的能源消耗和排放。文创产品应该尽可能地减少能源的消耗和排放,如采用节能技术、使用清洁能源等。同时,设计师还应该关注产品的能效标准和认证制度,以确保产品符合国家和国际的环保标准和法规要求。

图 3-4　新型包装材料——CY-BO

最后，设计师应该注重教育和宣传环保意识。文创产品不仅仅是为了满足用户的审美需求和文化传承需求，还应该通过设计和宣传来提高公众的环保意识和责任感。例如，在产品设计中加入环保元素、在宣传中强调产品的环保特点等，以促进公众对环保的认识和重视。

通过选择环保的材料和制作工艺、注重产品的循环利用和再利用、降低产品的能源消耗和排放以及教育和宣传环保意识等途径，设计师可以创造出具有环保性和可持续性的文创产品。这不仅可以减少对环境的负面影响，还可以促进资源的有效利用和生态平衡，为未来的可持续发展做出贡献。同时，设计师还应该不断关注市场动态和用户反馈，以便能够及时调整和优化产品设计，提高产品的环保性能和市场竞争力。

第二节　文创设计的方法

再好的技术都需要一个好的载体来体现和呈现，而对于一个好的文创作品，更关键的就是新颖的设计创意。在文创设计过程中，设计师可以撇开所擅长的部分，天马行空，以一个艺术家的角度，打破专业界限，提高审美品位，以便达到具备新的认知的高度。

一、复刻式设计

复刻式设计是将文物整体造型进行复制、缩小后,直接应用于文创产品的设计方法。通过这种方法设计的文创产品,保持文物造型不变,一般和文物原作等同或者等比例小于文物原作。从功能上看,复刻式设计具体可分为功能保留和功能转换两种情况。

英国伦敦大英博物馆文创设计案例——小黄鸭如图3-5所示。为了吸引小朋友的注意力,在小朋友洗澡的时候,浴缸里总会漂着几只橡皮小黄鸭,小黄鸭是承载很多英国人童年记忆的符号。大英博物馆推出一套小黄鸭纪念品,萌萌的鸭子们或装扮成古埃及的狮身人面像斯芬克司;或头戴印第安人的羽毛头饰;或装扮成古罗马战士,黑色的上衣上有白色的排扣,下半身啤酒肚很是圆鼓;或装扮成海盗,那眼神、那表情仿佛在说"金银细软统统拿出来!"……这些小黄鸭,间接展示了大英博物馆的包罗万象。

大英博物馆文创设计　　　　图3-5　英国伦敦大英博物馆文创设计案例——小黄鸭

二、提取式设计

元素提取式设计即提取文物造型上具有代表性的局部图案或元素,创新性地运用于不同品类的文创产品。根据空间形态是否改变,提取式设计可分为形态转换和形态不变两种情况。

台北故宫博物院文创设计案例如图 3-6 和图 3-7 所示。在台北故宫博物院收入中,门票占比在 30％以下,大头来自图像授权、品牌授权、文物仿制品和艺术纪念品的销售。翠玉白菜是该博物院的镇院三宝之一,以它为主题的商品始终高居销售榜单。其中,炎夏午后大雷雨必备的翠玉白菜伞,半绿半白,晴雨两用,打开伞面,边缘如菜叶,收起来就是翠玉白菜造型,颇受消费者青睐。

图 3-6　翠玉白菜

图 3-7　翠玉白菜伞

三、诠释式设计

诠释式设计是指不囿于文物外在造型、纹饰等元素，通过解读文物深层的文化历史意蕴，探究符号的象征意义，结合大众生活需求和时尚元素，开发与原作形不同而神似的创意产品的设计方法。意境诠释属于较高层次的文创设计，既要对文物原作的内涵和意韵有深刻的理解与把握，又要有能力将这些内涵和意韵通过符号转换、创意表达的方式用于文创产品。通过这种方法开发的文创产品，单从外观造型上可能看不出和文物原作的联系，仔细欣赏、涵泳、把玩方能领略和文物原作一脉相承的文化意涵及艺术趣味。这种设计方法常用于首饰配件和生活用品等小型文创产品的设计与制作。

日本东京国立博物馆文创设计案例——陶俑袜如图3-8所示。位于日本东京上野的东京国立博物馆纪念品商店中，以藏品陶俑为主题的文创产品人气极高，其中以陶俑袜最受人们欢迎。这一系列产品以埼玉县熊谷市野原古坟出土的两尊人物陶俑"跳舞的人们"为原型。这两尊陶俑单手上扬，状似舞蹈的姿势和单纯的表情极受参观者喜爱，成为该博物馆的"门面"。

图3-8　日本东京国立博物馆文创设计案例——陶俑袜

日本东京国立博物馆文创设计

> 课后练习

一、思考题

文创设计的表现方式有哪些?

二、练习题

设计一个关于文化的文创产品。要求:主题可以从近期举办的各类文创产品设计竞赛中选择,运用三种不同的表现方式来完成设计,分别绘制出草图,最终选择其中一种完成成品制作。

Wen-chuang Sheji

第四章
文创设计的创作流程

文创设计产业的重点在于如何通过设计来创造文化的附加值,使文化变成可以营利的产业,形成美学经济和文化属性呈现方式。文化与产业的关系日益密切,文化是需要投资的产业。对产业而言,文化附加值创造了产品价值的核心;对文化而言,产业是推动文化发展的动力。文创产品设计与创新经营模式,正是文化创意产业的核心技术。文创产品设计基本上是一个设计的转换过程,主要是将文化特性转换成特色产品。

第一节 市场研究与需求分析

发现:通过对市场环境、竞争对手、利益相关者、企业自身等的分析和战略评估进行头脑风暴,来找寻企业核心价值及品牌理念。根据洞察结果,帮助企业定义品牌,包含品牌愿景、品牌定位、品牌核心价值、品牌个性、品牌口号。

文创产品的设计开发是一个系统性项目,包括前期调研、素材搜集、方案策划、设计实施以及产品制模、批量生产等相互关联的过程,这其中最重要的就是产品设计创意。产品设计创意不仅仅关系到文创产品的呈现形态,也从很大程度上决定了销售业绩。

一、寻找亮点故事

确定项目,以讲故事的形式用头脑风暴法来开展项目。畅所欲言,从不同角度、不同层次、不同方位大胆展开想象,尽可能标新立异,与众不同。充分发散思维,联想一切自己感兴趣或者好玩有意思的文化元素。在设计展开之初,来自不同领域或背景的成员经由共同讨论,明确文创产品的定义,达成共识并初步拟定设计方向。

二、明确设计理念

根据头脑风暴的结果,探寻其中的内在分类,去掉不可实现或者不可进行的创意点。

随着日常生活的审美化,文创产品越来越呈现出泛化态势,越来越多的功能产品逐渐融入文创元素,这成为吸引消费者、满足消费需求的重要因素。

一般来说,文创设计被视为艺术家、设计师等专业人员的专长,甚至有些人认为天赋在创意创作中起到了决定性作用。其实,创意是有规律的,惊喜、意外虽可能受之于灵感,但这种惊艳的表现往往又有共通的"套路",如对大家习以为常的事情通过陌生化或截取、定位做处理,而大家陌生的东西反而有很强的存在感;设计也是能掌握的,只是对技法的应用程度和能力有所差异罢了。在文创设计过程中,可能最需要借助联想与想象实现元素与元素之间的连接,找到相同元素与不同元素、相关元素与不相关元素的结合点。从时间维度来看,文创设计的素材连接着过去与现在,如对历史文物元素的择取就要考虑与时尚流行的融合;从空间维度来看,不同空间、场景和环境的人、事、物是可以共存的,自然界的春花秋月、天地日月,人世间的喜怒哀乐、衣食住行与产品载体、设计资源可以"混搭"在一起。

第二节
创意生成与概念开发

输出：通过创新表达，塑造品牌视觉体系及语言体系，帮助企业建立品牌资产并提高知名度及美誉度。

在消费者主导下的产销模式下，很多人对文创设计跃跃欲试，而且在设计技术与手段逐渐普及化的今天，人人献创意、做设计成为可能，人人都可以创作自己的作品，打造个性化的文创产品。

一、思考设计载体

将设计理念或者创新点运用到合适的载体上，赋予产品内在的含义，是一个外现的过程。在思考设计载体的过程中，用实体的或无形的文化空间层次观点，探讨文化属性的呈现，并从经济、社会、科技等角度，研究社会发展的脉动及趋势，用以讨论文创产品的表征意义，探讨社会形态及文化风格彼此间息息相关的互动。连接只是创意展开的一面，还要有从外到内、从色到形的深层次重构，这关键在于文创设计中对有与无的取舍，也就是哪个、哪一部分以哪种方式、哪种手段来实现哪种效果、哪种诉求，如对细小的纹饰，通过运用放大、变形、重叠等手法，来触动大众的认知神经、情感思想和表现行为。当然，结构化的重组与转变并非只是模块化、程式化的，也应具有艺术性、故事性，只有这样，才能实现文创设计的物情交融。（图4-1）

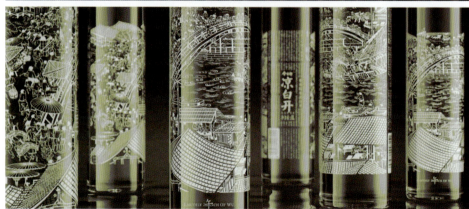

农夫山泉文创设计 　　　　　　　　　　图4-1　今麦郎"凉白开"品牌设计图创意

续图 4-1

二、提炼设计特征

提炼设计特征主要是指对设计特征进行提炼和概括,以做减法的方式,删除繁复的非本质的部分,保留和完善最具有典型性的部分。文创设计常以人物作为描述发展情境的背景,从消费者的观点着手,使设计符合我们所属的环境及文化,满足消费需求并具有特色,塑造具有意义与风格的文化意象。如今,各种类型的衍生性文创产品充斥市场,使文创产品市场良莠不齐,产品同质化、低质化现象突出。究其原因,很大程度上可能是设计师忽视了文创产品最终为消费者服务的目的。设计师需多考虑产品所带来的消费意义和使用能力,即它能够为消费者带来何种功能、文化等。

第三节 设计实施与原型制作

设计:根据品牌所传达出的核心理念进行创意符号设计,打造符合品牌理念并具有差异化、传播性的视觉元素。品牌文创以整体策略切入,包含从策略到品牌形象、IP 形象、文创产品、特产包装、文创销售空间一系列的设计内容。(图 4-2)

整合设计的关键点后,以产品语义学的方式进行创意概念发展,利用文字或图像描述使创意概念视觉化。然后,评估设计的一致性及构想技术上的可行性,以设计评价的方式检视设计构想的成熟度及合理性。设计师要把用户放到文创设计的中心,针对这些潜在受众的需求特点选择设计策略和方法,这样才能使设计出的文创产品具有足够大的吸引力和影响力。当然,还可以利用 3D 打印、大数据等前沿科技手段。设计师要适时创造条件让用户自己参与文创设计,如简单的图案选择或互动定制等。

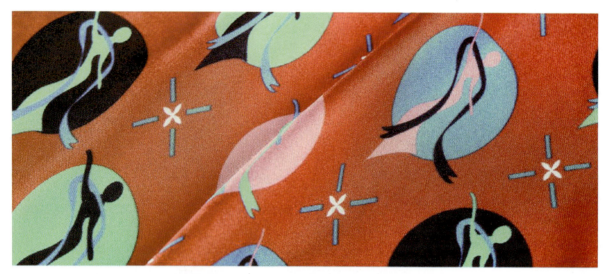

图 4-2　品牌文创示例

一、设计效果呈现

在设计效果呈现阶段,设计团队致力于将创意概念以形象的方式展示给团队成员、客户和潜在用户。这一阶段的主要步骤如下。

初始概念形成:设计团队通过头脑风暴、灵感激发等方式,产生初始概念。

草图和渲染:设计师将概念转化为初步的草图,并使用渲染技术加入色彩和纹理,更直观地展现产品外观。

数字建模:运用计算机辅助设计软件进行数字建模,制作产品的三维模型,使效果的呈现更真实。(图4-3)

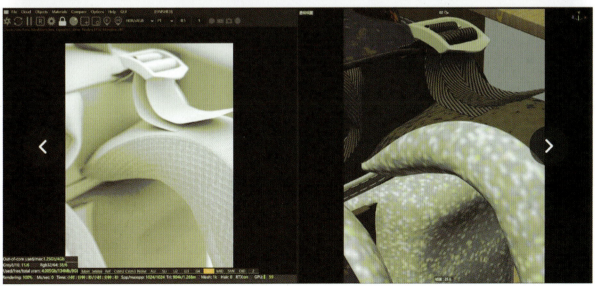

图 4-3　运用数字建模软件进行三维模型制作

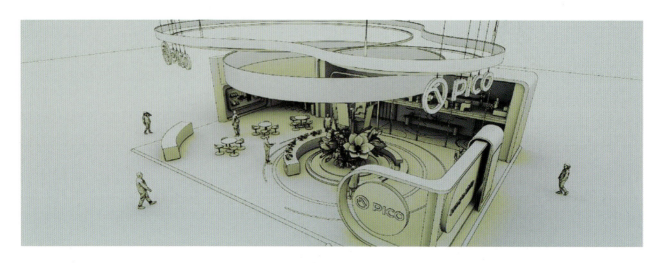

续图 4-3

虚拟现实(VR)和增强现实(AR)技术应用:利用 VR 和 AR 技术,设计团队可以让团队成员和客户在虚拟环境中亲身体验产品,更好地理解设计理念。(图 4-4)

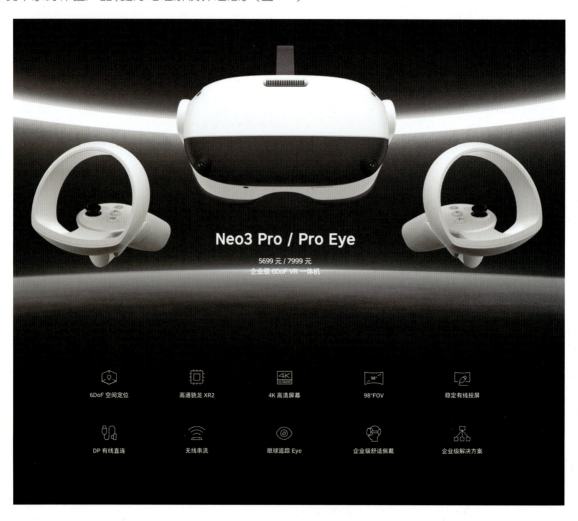

图 4-4 运用 AR、VR 技术体验虚拟环境

续图 4-4

二、设计效果打样

设计效果打样是在呈现效果的基础上,通过制作实际的样品来验证设计的可行性和可实施性。这一阶段包括以下步骤。

材料选择:根据设计的要求和效果,考虑质感、颜色和可加工性,选择合适的材料。

手工打样:通过手工制作小规模的样品,验证设计的基本效果,发现可能存在的问题。

数控加工:对于一些需要精密加工的部件,可以利用数控加工设备进行加工,保证样品的精度和一致性。

外观处理:对样品进行外观处理,包括磨砂、喷涂、印刷等,以确保样品达到设计效果。(图 4-5)

三、产品模型制作

产品模型制作是在设计效果打样的基础上,通过更为精细的制作过程,完成最终的产品模型。该阶段包括以下步骤。

数字模型转化:将数字模型转化为可供制作的文件格式,准备进行后续的实体制作。

快速成型:利用快速成型技术,将数字模型转化为实体模型。(图 4-6)

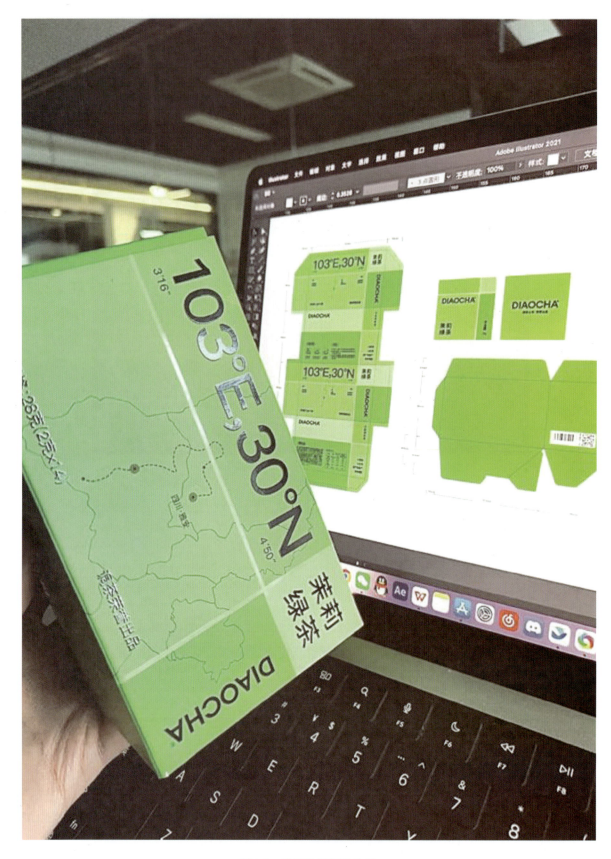

图 4-5　设计效果打样示例

图 4-6　实体模型示例

手工装配：手工装配各个部件，确保各部分的连接和配合良好。

成品处理：对成品进行表面处理和润色，以保证最终产品达到预期的外观效果。

文创设计也需要进行相应的理念和思维变革。总体来看，用户、连接与重构思维可以说是文创设计的立足点、支撑点和执行点。基于此，人人都可以是文创产品的设计者、再造者与享用者。

> 课后练习

一、思考题

文创设计创作程序的步骤有哪些？

二、练习题

设计一个具有校园特色的文创产品。要求：找准主题的属性和特点，遵循正确的创作程序，设计过程要做到有计划、有步骤，设计完成后选择合适的制作工艺，成品在校园内发布。

第五章
文创设计的品牌与营销

文化是一个国家的心灵和大脑,它的思想有多么深厚,它的想象力有多么活泼,它的创意有多么灿烂奔放,它自我挑战、自我超越的企图心有多么旺盛,彻底决定一个国家的真实国力和未来。全球政治进入多极格局,文化也日益繁荣与多元化,现如今越来越多的人在谈论文创产品、文创品牌。它们作为经济发展的重要动力,甚至是国家参与竞争的软实力,已经在全球多个国家和地区得到政府层面的认可和发展支持,这源于消费者对品牌文化的认知、对品牌艺术的崇尚与追求。

第一节
品牌建立与传播方式

通过精准定位、形象构建、产品设计、客户服务、销售推广、价值沟通等,将产品形象内化为消费者心中的美好感觉,令消费者在需要某种产品时,自然而然地联想到该品牌生产的产品。品牌大多以创始人为中心进行建设,展示创始人个性化的追求和品位,以及拥有的设计、艺术、工艺、广告、媒体背景。文创产品不仅要看上去美,也要有内容,除了满足基本需求外,还要带给人惊喜,拥有实实在在的真、善、美。另外,一些好的文创产品还可以改善人们的生活方式。(图5-1)

在确定了文创产品的市场定位和目标群体后,我们需要进行品牌的建设和传播。品牌基于消费者对产品的认知和信任形成,是产品形象和价值的体现。在品牌建设中,我们需要注重以下几个方面。

首先,品牌定位要明确。文创产品的品牌定位需要与目标市场的需求和消费者的痛点相契合。我们要根据目标市场的特点,确定文创产品的核心卖点,并以此为基础建立独特的品牌形象。例如,如果目标市场是年轻人,那么我们可以将品牌定位为"潮流、有创意、时尚",从而吸引年轻人关注和购买。

其次,品牌形象要突出。品牌形象是消费者对产品的第一印象,它包括品牌的标志、名称、包装等多个方面。在品牌形象设计中,我们要注重突出品牌的个性和特点,以便消费者能够快速地识别和记忆。同时,我们还要注重品牌形象的统一性和连贯性,以便在市场上形成品牌的独特风格和形象。(图5-2和图5-3)。

再次,品牌传播要多元化。品牌传播是让消费者了解和认知品牌的重要途径。在品牌传播中,我们需要注重运用多元化的传播手段,包括广告宣传、公关活动、社交媒体推广等。同时,我们还要注重传播内容的创意性和趣味性,以便更好地吸引消费者的关注和兴趣。

最后,我们还需要注重品牌的口碑建设。口碑反映出消费者对品牌的信任和认可,是品牌价值的重要体现。在品牌口碑建设中,我们需要注重提供优质的产品和服务,同时积极引导消费者进行口碑传播,如通过社交媒体、评价平台等途径进行分享和评价。(图5-4)

总之,在文创设计中,品牌建设与传播是至关重要的环节。通过在明确品牌定位、突出品牌形象、多元化品牌传播以及注重品牌口碑建设等方面下功夫,我们可以更好地打造具有竞争力的文创产品品牌,实现文创产品商业价值和社会价值的双重提升。

图 5-1　靳埭强及其设计的中国银行行标

图 5-2　泡泡玛特×唐宫夜宴盲盒（一）

泡泡玛特盲盒
文创设计

图 5-3　泡泡玛特×唐宫夜宴盲盒（二）

图 5-4 浠水有礼文创产品设计

(何家辉、徐世林设计)

第二节
市场定位与目标群体

文创产品的市场定位需要基于对目标市场的深入了解和分析。首先,我们需要了解目标市场的特点,包括消费者的年龄、性别、职业、收入等特征,以及他们的消费习惯、购买偏好、需求痛点等信息。通过这些分析,我们可以得出目标市场的消费画像,为后续的产品设计、营销策略等提供重要依据。

在市场定位的基础上,我们需要进一步明确文创产品的目标群体。目标群体是文创产品设计的关键,它能够帮助我们更加精准地了解消费者的需求和行为特征。一般来说,目标群体需要具有共同的特点和需求,如具有相似的兴趣爱好、文化背景、生活方式等,以便我们更好地针对他们的需求进行产品设计和营销。

在确定目标群体之后,我们需要深入了解他们的消费心理和行为特征。例如,他们对产品的价值认知是什么?他们更喜欢什么样的产品风格和设计?他们对产品的购买决策过程是怎样的?通过了解这些问题,我们可以更好地制定有针对性的营销策略和产品设计方案。

同时,我们还需要关注目标市场的竞争态势。对于文创产品来说,市场竞争是非常激烈的,我们需要了解竞争对手的产品特点、优劣势以及市场份额等信息,以便更好地制定产品策略和营销策略。

总之,在文创设计中,市场定位和目标群体的选择是至关重要的。通过深入了解目标市场的特点和消费者的需求,我们可以更好地制定有针对性的产品策略和营销策略,从而实现商业价值和社会价值的双重提升。

第三节
销售渠道与推广策略

销售策略和推广是文创设计中极为重要的环节,它直接关系到产品的市场表现和商业价值。在制定销售策略和推广方案时,我们需要关注以下几个方面。

首先,销售渠道要合理布局。销售渠道是文创产品到达消费者手中的重要途径,我们需要根据目标市场的特点选择合适的销售渠道。例如,对于线上销售的产品,我们可以通过电商平台、官方网站等进行销售;对于线下销售的产品,我们可以通过实体店、展会等途径进行推广和销售。同时,我们还要注重线上线下销售的结合,以实现全渠道的销售和推广。

其次,促销活动要多样化。促销活动可以吸引消费者关注和购买,我们需要根据不同的销售阶段和市场需求确定有针对性的促销活动。例如,在产品上市初期,我们可以进行新品推广活动,吸引消费者的关注;在产品销售高峰期,我们可以进行打折、满减等促销活动来提高销售量。

再次,营销推广要创新。传统的营销推广方式已经不能满足现代消费者的需求,我们需要注重创新营销推广方式。例如,我们可以通过社交媒体、短视频、直播等新兴渠道进行产品推广;我们还可以与知名博主、网红等进行合作,通过口碑营销来提高产品的知名度和美誉度。

最后,我们还需要注重客户服务。优质的客户服务可以提高消费者的满意度和忠诚度,为产品销售和品牌形象建立良好的口碑。我们需要建立完善的客户服务体系,包括售前咨询、售后服务等环节,以便为消费者提供专业、及时、周到的服务。

总之,在文创设计中,销售策略和推广方案制定是至关重要的环节。通过在合理的销售渠道布局、多样化的促销活动、创新的营销推广以及优质的客户服务等方面的努力,我们可以更好地实现文创产品的销售和推广,从而为消费者带来更好的体验和价值,同时也为文化产业的发展注入新的动力,推动文化的传承和创新。

第四节 未来挑战与机遇探究

一、数字文创与人工智能

数字文创与人工智能的结合标志着文创领域的一场深刻变革。这种结合不仅仅是技术上的结合,还是创新、创意以及文化产业的全新探索。

首先,数字文创与人工智能在创作领域的相互影响愈发显著。数字技术的崛起为文创产品提供了更为广阔的表现空间,从而激发了创作者的想象力。人工智能算法通过分析大数据,为设计师提供了有针对性的素材和创意灵感,加速了设计师的创作过程。这样的合作关系使得文创产品更富创意、更富层次感。(图5-5)

其次,数字文创与人工智能的结合在文化传播上带来了全新的体验。借助人工智能的推动,文创产品能够更好地适应用户的个性化需求。通过分析用户数据,智能推荐系统不仅能够向用户推送更符合其兴趣的文创产品,还能够实现内容的个性化定制,拓展用户体验的深度和广度。

在产业层面,数字文创与人工智能的结合推动了文创产品的商业化进程(见图5-6)。通过基于人工智能的精准定位和用户画像分析,企业能够更有效地进行品牌定位和推广,提高市场竞争力。同时,数字文创产品在商业模式上的创新也得益于人工智能的深度学习和预测分析,人工智能为企业提供了更为可靠的战略支持。

然而,数字文创与人工智能的结合也带来了一些潜在的挑战。首先,随着数字文创的不断涌现,版权保护问题亟待解决。如何在数字化时代有效保护文创产品的独特性,成为文创产业亟须思考的议题。其次,人工智能算法的使用也引发了一些道德和隐私问题,需要在技术创新和个人隐私权之间寻找平衡。

总体而言,数字文创与人工智能的结合为文创领域注入了新的活力,推动了文创产业的发展与创新。这一合作关系的不断深化将在未来影响文创产品的设计、生产和消费,塑造出更加多元、智能的文创产业。

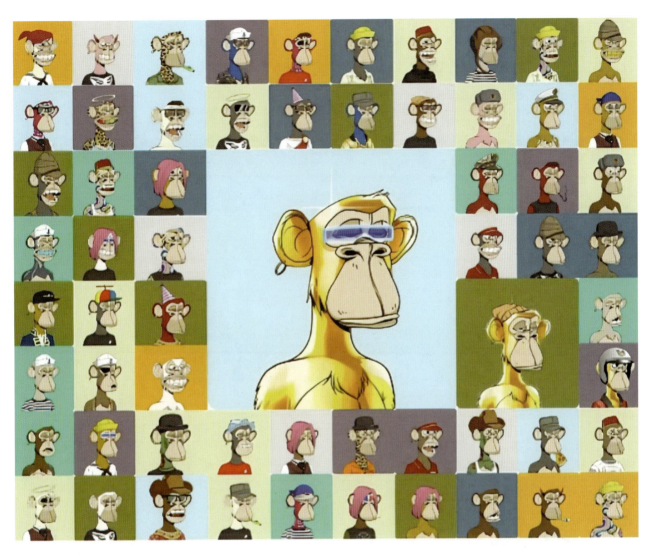

个人头像（profile picture）

简称 PFP，人们用来代表自己网络身份的数字化图片，主要用于社交网站的头像，例如库里花 18 万美元买下的无聊猿头像、维金斯的 Azuki 头像等。

艺术藏品（art）

图像、照片、音乐、视频都可以被称为艺术藏品。除了 Instagram 和 Twitter 以外，OpenSea 是艺术家展示其 NFT 作品并获得公众曝光的主要平台。

图 5-5　数字文创与人工智能的合作关系使文创产品更富创意、更富层次感

图 5-6 学习强国×京读强国

（何家辉、刘国梦设计）

二、交叉学科与创新创业

随着社会的不断发展,交叉学科与创新创业之间的紧密关系愈发凸显,为文创产业注入了新的活力和创新力。

首先,交叉学科为创新创业提供了广泛的知识基础。在文创产业中,艺术、科技、人文等多个学科领域相互融合。交叉学科的应用使得创业者能够更全面地理解和运用各个领域的知识,从而推动创新的发生。例如,在数字艺术领域,艺术家和工程师的跨界合作常常产生出前所未有的创意作品(见图5-7和图5-8)。

图5-7 "革命性"设计构思的设计大师格里特·托马斯·里特维尔德及其作品

图 5-8　格里特·托马斯·里特维尔德设计作品

其次,创新创业促进了交叉学科的蓬勃发展。创新创业需要不断地寻找新的市场机会和解决方案,而这正是交叉学科所擅长的。不同学科之间的交流和合作为新兴产业的崛起提供了理论支持和实践经验。例如,在科技与艺术交叉的创新创业中,新型数字艺术品的开发就是技术和创意的有机结合。

在创业过程中,创业者更加注重跨学科团队的构建,以便更好地应对市场的多样化需求。这种团队构建模式不仅提升了企业的创新能力,也加速了交叉学科的交流与发展。然而,交叉学科与创新创业之间也存在一些挑战。首先,不同学科之间的沟通和理解需要一定的时间,团队协作可能会面临协调难题。其次,创新创业的风险较大,需要跨学科团队更加敏锐地洞察市场,防范潜在的风险。

总体而言,交叉学科与创新创业的结合为文创产业带来了更为多元的发展机遇。在这一紧密关系的引领下,未来的文创产品将更加注重跨学科的融合,推动创新创业实践更为深入,为产业的繁荣和创新奠定坚实基础。

三、法律与知识产权保护

随着文创产品的不断涌现以及人工智能的接入,法律与知识产权保护成为文创产业发展中至关重要的环节。在探究未来的挑战与机遇时,深入了解相关法律框架将有助于确保创新的持续推进。

在未来挑战与机遇的探究中,法律环境的重要性不可忽视。不同国家和地区对文创产品及其创新技术制定的法规有所不同,了解并遵守各地法规是文创企业发展的基础。此外,数字文创的崛起带来了新的法律问题,如网络版权、数据隐私保护等问题,企业需要保持对法律环境的敏感性,以规避法律风险。

(一)知识产权保护的挑战与机遇

知识产权保护是文创产业创新发展的关键一环。在数字化时代,文创产品往往涉及多领域知识和技术的整合,因此如何保护这些创新成果显得尤为重要。挑战在于,一些新型的文创作品可能涉及多方知识产权,如专利权、商标权、著作权等,跨界合作也加大了知识产权纠纷的潜在风险。企业需要制定明晰的知识产权战略,与合作伙伴建立良好的合同机制,以确保知识产权的安全与有效运营。

(二)人工智能与法律责任

随着人工智能技术在文创产品中的广泛应用,法律责任也随之而来。例如,在使用人工智能算法进行创意创作时,可能面临创意来源纠纷、知识产权侵权等问题。在这一背景下,制定明确的法律责任界定和伦理规范是保障创新的关键。此外,文创企业需要审慎选择人工智能供应商,了解人工智能算法原理,以减少潜在的法律风险。

(三)合规经营与社会责任

未来,法律将更加强调企业的合规经营和社会责任。文创企业应该注重数据隐私保护、公平竞争、消费者权益等方面的合规性,以维护企业声誉和社会形象。通过建立良好的社会责任体系,企业不仅能够规避法律风险,还能赢得社会的信任,推动自身可持续创新发展。

在法律与知识产权保护的引导下,未来文创产品的发展将更趋规范、可持续。企业要认清挑战,善用法律工具,构筑稳固的法律盾牌,以确保在竞争激烈的市场中保持创新活力。

> **课后练习**

一、思考题

在人工智能背景下,文创设计的机遇与挑战有哪些?

二、练习题

结合当下的人工智能软件,设计一个具有 IP 属性的文创产品。要求:主题可以从近期举办的各类文创产品设计竞赛中选择一个,运用三种不同的创意思维来完成,分别绘制出草图,最终选择其中一种完成文创设计作品成品。

Wen-chuang Sheji

第六章
文创设计的案例赏析

文创设计使创意者获得更好的商业回报和社会尊重,"新文创设计"将进一步推动世界文化创意 IP 的大爆发。科技推动了文化发展,文化则让科技更有温度。科技与文化融合,既可以创造商业价值,也可以创造社会价值。

第一节　国际文创设计案例

一、美国文创设计

美国的文创设计品牌代表,非 NASA(美国国家航空航天局)莫属。NASA 与一众时尚品牌合作,不论是运动品牌,还是时尚潮牌,和 NASA 结合都毫无违和感,并总能掀起一阵消费者购买热潮。这不由让人感叹 NASA 是"一家被航空事业耽误的文创设计公司"。NASA 在文创设计方面之所以这么成功,除了它高精尖的技术与强大的文化影响力外,还与其成功的品牌策略高度相关。

20 世纪 70 年代初,NASA 参与美国国家艺术基金会"联邦设计改进计划",开始有意识地进行品牌策略规划。在这之前,NASA 使用的是美国刘易斯研究中心(后更名为格伦研究中心)插画师设计的肉丸标志。肉丸标志是 NASA 识别度较高的标志。除了肉丸标志,NASA 还有一个图章版标志,它适用于一些非正式场合。(图 6-1)

当年设计 NASA 手册的设计师可能不会想到,NASA 设计规划会与消费品牌"联姻",创造出巨大的商业价值。这一方面归因于探索宇宙奥秘的 NASA 散发出永恒魅力,另一方面归功于理查德·丹恩与布鲁斯·布莱克为 NASA 在 20 世纪 70 年代所做的详细品牌策略规划。品牌策略的打造是一个系统化工程,如果说 LOGO 是一部戏剧的主角,那么视觉规范手册就是舞台、灯光、化妆、音效等后勤保障。只有这一切都由设计师整合成一套规范并落地实施,品牌的价值才会凸现。

正是这一套看似枯燥乏味而又庞杂的系统,通过无数个节点,创造出了 NASA 完整的形象,并让人们乐于接受,最后形成了一种文化。基于详细的规范,整个品牌的传播与推广被明确规范,节约了运营人员后期的大量时间成本与运营设计成本。

NASA 的品牌规划案例,对于当今希望塑造自己产品品牌的创业者来说,有着超越时空的意义。

二、欧洲文创设计

20 世纪 80 年代,在新博物馆学运动开始兴起的大背景下,欧美博物馆开始塑造一个以人为中心的展览环境,较之以往更加注重参观者的感受,并开始创新艺术衍生品的开发理念,以求推广博物馆,使博物馆永续经营,赢得广大受众的喜爱。大英博物馆是历史悠久、规模宏大的综合性博物馆,也是世界著名的四大博物馆之一。自 2001 年底起,大英博物馆向大众免费开放,将曾经的门票收入用博物馆自身经营文创周边及衍生品收入取代,而文创周边及衍生品收入成为如今大英博物馆的主要收入来源。

图 6-1　NASA 文创设计

NASA
文创设计

  大英博物馆开发文创产品以其著名的藏品为主轴,制作各式各样且价位不等的纪念品,从复制品、精品、收藏品,到老少咸宜的日用文具、配饰、不能免俗的钥匙圈及食品,让游客带回家与家人朋友分享。大英博物馆文创产品开发有两种模式:一种是由全球采办部门负责设计或寻求资源设计并联系生产;另一种是直接从固定厂家进货。大英博物馆大部分产品采取直接购入的方式,也有些产品是大英博物馆向世界著名设计师提供内容,由设计师设计,再由厂家生产,最后进入大英博物馆销售。同时,该博物馆利用网络商店进行全球销售。

那么这些文创产品又是如何被创造和经营的呢?

(1)大英博物馆文创产品策略一:将明星藏品进行衣食住行方面一条龙式系统开发。因大英博物馆收藏世界各地、体现不同文化的藏品,文创产品的样式令人眼花缭乱,故大英博物馆会选取文化认同度高或具有异国风情特点的一些重点文物、明星藏品进行一条龙式的系统开发,让消费者在选择文创产品的同时产生收集不同品种、不同风格文创作品的欲望,提高消费者购买数量。例如,在大英博物馆网络商店中搜索"罗塞塔石碑"关键字,可以看到它以罗塞塔石碑为原型,开发了多种不同的衍生品,其中除了较传统的资料书、复制品摆件外,还包括各种服装、文具、首饰、杯子、充电宝、U盘、镇纸、镜头布、巧克力、布偶玩具等(见图6-2)。要深入分析罗塞塔石碑这一系列的衍生品,首先要对它们进行分类。这里简单从产品属性、图样纹饰运用和产品颜色选择三个方面分别对这些与罗塞塔石碑相关的产品进行分类讨论。

图 6-2 大英博物馆文创设计

产品的属性:"软"和"硬"。一个产品的产品属性不仅决定了它的目标受众,也决定了这件产品的价格。虽然罗塞塔石碑有多件衍生品,但是从产品属性的角度来说,只有两种(这里借用 ACG 界,即动画、漫画、游戏业界"周边"的概念),一种叫作"core hobby"(硬周边产品),另一种叫作"light hobby"(软周边产品)。"core hobby"(硬周边产品)指的就是罗塞塔石碑的复制品,这种没有实用价值的纯观赏性高仿复制品价钱相对较高,通常只有罗塞塔石碑的超级粉丝才会去掏腰包。需要注意的是,像复制品这样的产品不太合适被称作文创产品,只能叫作衍生品。

图样纹饰的运用:整体和局部。除去罗塞塔石碑的复制品摆件和罗塞塔石碑的资料书,大英博物馆还设计了多种相关的文创产品。仔细观察可以发现,这些文创产品对于罗塞塔石碑图样的选取运用分为三种。第一种是整体图案的运用,也就是将产品制作成石碑的样子或者印有石碑的完整图案。拼图、书立、镇纸、明信片、镜头布、鼠标垫、茶巾、墙饰和首饰盒这 9 种文创产品就属于这一类。第二种是采用截取的手法,即将罗塞塔石碑表面的纹饰局部运用到产品合适的位置上,化石碑内容为装饰图案。与罗塞塔石碑相关的文创产品有很多都是这样的,像印着罗塞塔石碑上的文字图案的扑克牌、杯垫、背包、笔等。第三种是将罗塞塔石碑的整体形状与截取的部分图案进行重新组合。一些文创产品制作成罗塞塔石碑的形状后,受体积所限,不能将石碑上的所有文字包含其中,于是设计师将截取的一部分文字配入呈石碑形状的文创产品中,像钥匙链、衣服、手机触屏笔、巧克力等文创产品就属于这一类。设计师在设计罗塞塔石碑文创产品时将罗塞塔石碑上的文字作为核心图案,并以此设计了这一系列的产品。罗塞塔石碑的价值在于石碑上的三种不同文字的对照使我们最终解读出了埃及象形文字,而将文字作为石碑文创产品的核心图案,正好与石碑的价值相互呼应、相得益彰。

产品颜色的选择:黑、白、灰和红。这里依旧将罗塞塔石碑的复制品摆件和罗塞塔石碑的资料书除外。大英博物馆对罗塞塔石碑文创产品颜色的选择情况如下:首先,产品的底色以黑色、白色、石碑原色为主,还有一些产品是金属材质的,所以采用的底色为银色,少数产品以红色作为底色;其次,产品上石碑文字的颜色以白色、灰白色和黑色为主,一些金属材质和木质的产品则将文字刻印上去,因此文字的颜色是材质本身的金属色或棕色;最后,大英博物馆根据产品不同的类型和图案,对采用罗塞塔石碑图案的文创产品的底色和文字颜色进行了不同的搭配,形成了多种颜色组合,有些产品拥有多和颜色款式。

为什么大英博物馆要选用黑、白、灰作为罗塞塔石碑文创产品的整体色调呢?从色彩设计上来看,整体色调可以决定一件产品给受众的感觉。大英博物馆以黑底白字为配色的石碑文创产品有几十件。将黑色作为背景色,在视觉上给人传达一种稳定、坚实的感觉,与罗塞塔石碑给人的历史厚重的感觉相符。同时,石碑文创产品配以白色或灰白色的文字,这种色彩反差又使人的视觉不由得集中在文字图案上。在颜色细节上,石碑文创产品也体现了大英博物馆系列化的文创产品设计理念,如马克杯、杯垫这两种产品会在一起使用,就都有黑底白字和白底黑字两种颜色选择。试想,当你买了一个白底黑字的马克杯后,又看到了白底黑字的杯垫,难道不想将它们配成一套吗?

(2)大英博物馆文创产品策略二:从"单 IP"到"双 IP",将具有英国特色的 IP 与本馆馆藏 IP 相结合,开发出大众喜爱的产品。"单 IP"凸显特色,根据地域文化形成设计主题。地域文化是以自然环境、城市景观、风俗人情为标志形成的特色文化,这种文化彰显着人们独特的生活方式、思想观念和审美趣味,是本土化的特色标志。伦敦,这个既有国际化特征又具有鲜明个性化特征的城市,拥有伦敦塔桥、大本钟、红色巴士、国旗等标志,这些标志自然成为产品设计的重要元素。大英博物馆和 V&A 都推出了伦敦系列,突显出旅游纪念品设计地域性与纪念性的特征。"双 IP"融合多变。例如,小黄鸭是承载许多英国人童年记忆的符号。

1970年,歌手吉姆·汉森创作了流行歌曲《小黄鸭》,小黄鸭从此又成了一种流行文化元素。几乎每个小朋友都曾玩过的小黄鸭,被大英博物馆按照馆中藏品古罗马战士、海盗、狮身人面像的模样,改造成多个萌萌的版本,一下子爆红于网络。

(3)大英博物馆文创产品策略三:特殊时机提供特殊产品,不断注入新活力。例如,配合节庆开发文创产品,如复活节、圣诞节等,这种相关节日主题的产品,可以让博物馆的到访游客结合特别日子拥有特别的参观体验,从而提高产品销售量。另外,这种产品在特别的时节下也非常实用(圣诞装饰品在西方家庭中每年重复使用,已经成为传统)。从一个看似不起眼的高价毛绒玩偶背后,我们看到的是文物的历史与制作的匠心。此时与其说大英博物馆卖的是毛绒玩具,不如说大英博物馆卖的是故事。大英博物馆的这些栩栩如生的纪念品之所以能够如此畅销,主要还是因为设计师设计时用心良苦,他们擅长把旧有的标志性元素提取出来,并加入当今的时代元素,为文创产品赋予新的灵韵。

无论是明星藏品的系列开发、不断附能加值,还是从"单IP"的有效利用再到"双IP"的有机结合,大英博物馆的开发方式可谓层出不穷,热点话题与特殊的节庆更是为大英博物馆造势,为其文创产品提供创意来源,让消费者无时无刻不对大英博物馆保持着新鲜感与期待。

三、日本文创设计

日本,作为一个文化创意大国,文创设计的概念已经深入人们生活的方方面面。不论是日常生活用品、公共基础设施、旅游消费产品,还是城市形象宣传、建筑的设计和建造等,都充满文化创意的气息。从这些方面,足以看出日本人对文化创意的重视和娴熟的运用。那么,日本是如何掀起文化创意的热潮的呢?

(1)动漫产业,奠定坚实基础。日本素有动漫王国之称,是世界上最大的动漫制作和输出国,目前全球播放的动漫作品中有六成以上出自日本,在欧洲的比例更高,达到八成以上。日本的动漫产业是日本的第三大产业,它涉猎甚广,包括电视、电影、游戏、周边等多种形式。在日本街头,各种动漫人物形象随处可见,这种动漫文化渗透到日本社会的各个层面。从1917年起,经由逾百年的发展壮大,日本动漫已在国内外拥有庞大的受众群体。因此,人们对于动漫形象的文创设计以及其他类型的文创设计有着很高的接受度。

(2)公共设施,承载文化创意。从日本的公共设施就可以看出日本是一个文创设计大国。小到公共场所的指示标识,大到电车、新干线,创意无不融入其中。在电车、警察局等公共场所,可以看到具有警示作用的警示漫画。漫画的呈现手法使原本冰冷的大字标语变得有人情味,更吸引人,有助理解的同时大大提高了警示标语的审美性。在日本,还有一个文创设计小镇——柯南小镇(见图6-3)。在这里,建筑外墙上、楼梯上、井盖上、新干线上,到处都印着柯南这一动漫形象,简直是柯南迷的朝圣之地。此外,日本连公共厕所的设计都脑洞大开。日本长野县饭山市斑尾高原滑雪场里的厕所通过3D全景技术,让使用者在方便的同时犹如置身极限运动的场景中。日本大分市中央町的商业街合作社人流减少,为吸引客人,2013年利用传感技术建造街头透明男女共用厕所,并设于停车场入口处。诸如此类独具特色的公共设施成为日本独具特色的文化输出渠道。

图 6-3　柯南小镇

日本动漫 IP
文创设计

（3）吉祥物设计，宣传城市形象。日本通过设计城市吉祥物宣传地区形象，并以此提升城市知名度，获得巨大的经济效益。一个城市吉祥物不单单是一个 IP 形象、标志，更体现了本地的精神文化或土特产、风光特色。日本城市吉祥物中最具代表性的当然就是熊本熊（见图 6-4）了。这只萌萌的黑熊，仿佛在一夜之间爆红于网络，各种各样的表情动画层出不穷，直到今天人气依然爆棚。为了突出熊本县特色，设计师设计熊本熊时在它的身体上使用了熊本县的主色调黑色，两颊使用了萌系形象经常采用的腮红，而腮红的红色也蕴含了熊本县"火之国"的称号,此处的腮红不仅代表了熊本县的火山地理特征,还代表了众多美味的红色食物。同时,熊本县通过"熊本寻熊启事""丢腮红"等活动,进行全民营销,效果非常好。通过"丢腮红"事件,熊本县成功让外界了解了红色在熊本县的象征意义。此后有日媒表示,"丢腮红"活动达成了约 6 亿日元(约合 3 360 万元人民币)的广告营销成果。

熊本城的黑色　　　　萌系角色的腮红　　　　熊本熊

图 6-4　熊本熊

（4）文创产品,输出文化内涵。在日本,琳琅满目的文创产品充满大大小小的景区商店,各个景区根据各自不同的文化背景与自然风貌设计出风格迥异的文创产品,游客们在日本不同的景区观光很难见到相同的文创产品。这些文创产品包括食品、文具、玩具、纪念品等诸多种类,其中,食品类文创产品大多用本地特有食材制作,在包装方面有明显的文化特征与地区标识,地方特性极易识别;玩具类与纪念品类文创产品大多以当地特色建筑或景观为原型设计成卡通形象,使原本冰冷生硬的建筑或景观变得生动活泼。日本是一个宗教信仰十分普遍的国家,因此,日本的神社众多。一些规模较大或独具特色的神社成为居民参拜、游客祈福的重要场所。在这些神社同样有文创产品进行售卖,神社中售卖的文创产品多为包装精致的护身符等。除此之外,宗教场所的衍生品并不都具有宗教祈福性质。许多神社会将神社的守护神设计成卡通形象,使其既美观又能体现美好寓意。例如,日本京都伏见稻荷大社便设计出多款狐狸形象的文创产品。日本的这些文创产品吸引着来自世界各地的游客们,游客们只要去日本观光,很少有空手而归的时候。这些极具文化属性的文创产品,成为日本文化输出的绝佳载体。

第二节
中国文创设计案例

一、故宫文创设计

印象里的故宫一直是神秘的、森严的,而如今,故宫已经摆脱了这些刻板印象,"涅槃重生"。现在谈起故宫,想起的都是满满的创意。从一卷难求的宫廷胶带,到纷争不休的故宫口红,再到"奉旨点餐"的"朕的火锅",作为一个"卖萌成性"的超级IP,故宫成功依靠各种"魔性"周边产品走红,让国人乃至世界对故宫,以及中国古代文化有了更浓厚的兴趣。

逾600岁的故宫,近年来"可盐可甜",从中国古代宫廷建筑之精华摇身一变,成为"新晋"打卡胜地,已然成为新一代"网红"。这得益于单霁翔院长上任后的一系列革新:从故宫整体保护修缮工程,到点亮"前三殿""后三宫";从推行实名制售票成功限流,到整治外部环境让观众"有尊严地参观";从逐年不断扩大开放区域,到成立故宫文物医院让不少文物"活起来";从开发各种时尚有创意的文创产品,到启动极具文化氛围的游客中心。其中,最引人注目的,或许就是故宫的文创产品了。以假乱真的朝珠耳机、雍正钓鱼书签、"朕亦甚想你""朕就是这样汉子"折扇、"奉旨旅行"行李牌等一系列文创产品的推出,令许多人眼前一亮,并在年轻人群中迅速"圈粉"。故宫这几年的文创产品销售额也一直"高居不下"。相比大多数文创产品的曲折与艰辛,故宫文创产品可谓一枝独秀,故宫博物院也成了我国文创产业的领头羊。

那么,故宫在成为超级IP的道路上到底做了哪些努力呢?

(一)打造内涵与活力兼具的特色文化IP

特色IP是形成品牌形象的重要元素,更是打造优质文创产品的灵感源泉与内容基础。故宫在这方面有着天然的优势,其文创产品以皇家文化为创作之根,并基于皇家文化的故事,将皇家文化中有代表性的皇帝作为其符号,"请"来了"四爷"雍正作为皇家文化的代言人。2014年,雍正以"卖萌剪刀手皇帝"的全新形象"出道"(见图6-5),迅速抢占了朋友圈"高地",可以说是实现了真正意义上的穿越。故宫文创设计将严肃IP时尚化,为极具文化内涵的皇家文化再添活力。

(二)放下"偶像包袱",产品走亲民路线

1. 跨界合作,产品类型生活化

想让文物活起来,应该用百姓喜闻乐见的形式展现,使产品融入现代生活。为此,故宫在这方面做了大量调查,如了解分析人们在生活中喜爱的文化元素、不同年龄段游客的差异化文化需求等。最终,故宫文创设计呈现出来的是大量的实用性生活用品,如朝珠耳机、故宫系列手机壳、小格格书签、故宫人物U盘、团龙团凤鼠标垫、"黄袍加身"T恤衫、故宫系列睡衣等。同时,故宫还和人们使用频次高的品牌合作,跨界融合,推广故宫文创设计,使故宫文创产品深入人们的生活,如和农夫山泉联合出品"故宫瓶"(见图6-6),和稻香村合作,端午推出五毒小饼干等(见图6-7)。

故宫用这种生活化的方式,将皇家文化带给大众,让故宫文物"活"在我们日常之中。

2. 反差萌,设计风格亲民化

以往,故宫和皇家文化给人们的形象通常是庄严和"高冷"的,然而,比着"剪刀手"的"萌萌哒"的雍正一

图 6-5 雍正以"卖萌剪刀手皇帝"的全新形象"出道"

炮而红,改变了人们对故宫的认知。故宫通过制造"反差萌",拉近了与大众的距离,使故宫和皇家文化显得更加亲切。在此之后,故宫文创设计在"反差萌"的道路上越走越远、越走越溜,各种"反差萌"产品层出不穷,如"朕实在不知怎么疼你"折扇、"奉旨旅行"行李牌等。皇家文化中的妃子、大臣也纷纷放下"偶像包袱","卖萌""吐槽",充满烟火气息地为故宫文创产品代言;"买了就是朋友""关注本宫但没有红包发"等调

图 6-6 故宫瓶

皮的推广文案更是让销量节节攀升,这种"反差萌"的谐趣设计风格大受人们的喜爱。

3. 文化是基础,颜值是王道

由于具有文化内涵和文化创意的附加值,文创产品本身的价格一般会略高于同类型的产品。那么,在价格没有优势的情况下,文创产品如何能够受到追捧?仅仅将文化内涵融入文创产品之中显然是不够的,在此基础之上,只有高颜值的产品才会受到人们喜爱。

图 6-7　五毒小饼干

4. 讲古而不泥古,对传统文化进行新时代演绎

故宫的每一件文创产品都会很细心地将创作来源及背后的故事描述出来,最后呈献给大家一件件既有文化内涵又颇具创意的文创产品。以雍正御批系列折扇为例,在网上销售页面,有专门的创意说明板块,简介雍正的生平和折扇文案元素的取材出处——雍正御批奏折资料;折扇正面为主要文案,内容为从雍正御批原文中提取的符合现代人趣味的语句,如"朕亦甚想你""朕心寒之极"等,背面为文案的出处原文,通过这样的方式将传统文化进行新时代的演绎,拉近人们与传统文化的距离。

5. 取材元素受众广,不局限于文物

故宫作为博物馆,有180余万件(套)藏品,若全部作为文创设计衍生题材,或可不重样地发布百万年,然而"网红故宫"只争朝夕。故宫文创设计大多选择一些大家喜爱的、有教育意义的、有趣的、好看的题材等,并不局限于收藏文物,如御猫、屋脊兽等。最为典型的要数大受游客喜爱的御猫,故宫的御猫系列文创产品爆红于网络,在故宫淘宝店铺最受欢迎的文创产品之一就是迷你故宫小猫猫摆件(见图6-8),月销量一度超过1.6万件。

图 6-8　迷你故宫小猫猫摆件

(三)运用新时代的宣传方式

1. 借助明星效应,贴合年轻群体

故宫文化的认识和传承,主要面向年轻群体,所以,故宫在营销模式的开展和手段运用上,均采用了年轻人易于接受的方式。为此,在综艺节目《上新了故宫》(见图6-9)中,故宫邀请了当红明星加盟,借助明星效应,每一集都推出一件文创产品,让很多人都知道了故宫鲜为人知的一面,也让大家了解了文创产品的创作过程,该节目在大受好评的同时也使故宫文创产品得到大力推广。

图 6-9　综艺节目《上新了故宫》

2. 社交网络+电商,加速产品引爆

以《上新了故宫》节目推出的故宫睡衣(见图 6-10)为例。首先,通过微博造势,刺激粉丝自发宣传。《上新了故宫》官方微博发布了一条推介故宫睡衣的微博,仅两个小时时间,就收到了 3.2 万条转发、1.6 万条留言和 1.1 万个点赞。其次,故宫还在淘宝上启动了"上新了故宫,让故宫 YOUNG 起来的畅心睡衣"预售众筹项目,短短几天时间,认筹人数就超过了 5 500 人,筹款超过 280 万元。通过这两大平台,故宫文创设计再引热点,快速引爆了网络。

图 6-10　故宫睡衣

3. 与科技公司合作，实现"文化破壁"

例如，故宫已经不满足于实体文创产品的创作，更是联合了腾讯，通过数字科技助力活化传统文化——联合腾讯旗下人气手游《奇迹暖暖》，以清代皇后朝服和《胤禛美人图》为首期主题，打造宫廷服饰皮肤（见图 6-11）。通过这样的方式，让故宫文化通过互联网进入大众层面，让年轻人爱上故宫文化，实现"文化破壁"。

图 6-11 《奇迹暖暖》宫廷服饰皮肤

4. 创造话题，提高互动性和参与性

故宫文创设计的成功与其宣传之后的话题性有着密切的关联。前文提到的"萌萌哒"的"剪刀手"雍正，其实就是利用"反差萌"制造出了话题性。人们在看到这个具有争议的形象之后，自发地向周围人群扩散，引发了新的讨论。尤其是这个形象为网友的再创作（制作表情包等）提供了优秀的原材料，充分调动了大家的积极性，提高了互动性和参与性，使故宫文创产品迅速"刷屏"。

5. 开展网上创意大赛

通过搭建青年创意大赛平台，故宫开放了一系列 IP，供青年创意人参与创作，吸引了大量的网上知名画手参与，赛事产出的 QQ 表情（见图 6-12）在一个月内下载量就超过了 4 000 万次。

图 6-12　故宫表情包

二、台湾文创设计

2002 年,台湾启动文创战略。在政策、产业与创意三引擎驱动下,台湾文创产业产值由 2002 年的 4 352.6 亿新台币增长到 2010 年的 6 615.9 亿新台币,2013 年突破万亿新台币,占全台湾地区生产总值的 5% 以上,成为台湾地区经济的中流砥柱。短短十年,台湾文创产业是怎么做到的? 从宏观层面总结,无非"三部曲",即政府培育→财政扶持→民资进入,产业智变。民资全面进入时,产业生态和市场通路已趋于成熟,台北华山、松山、西门,高雄驳二,花莲酒厂等文创设计基地遍布整个台湾地区,文创产品品牌厚积薄发,源源不断的创造力和新技术涌入,将台湾文创设计塑造成华语文化圈中不可撼动的领头羊。

每个宏观的生态系统,都由无数个微观单元组成,文创产业更是如此,深度理解台湾地区文创设计的最佳途径,是在宏观背景下,聚焦各个品牌,通过对其核心价值、品牌风格及其产品、服务、社会和时代使命进行综合理解,再回溯到宏观层面,看看它们是如何建立以及向世界输出"台湾人的生活风格"的。

(1)案例 1:生活美学——诚品书店(见图 6-13)。

诚品书店这家台北唯一 24 小时营业的书店,已经成为亚洲最具影响力的文化地标之一,"诚品"则是台湾地区最具国际能见度的文化标志。诚品书店创办人吴清友先生用 26 年时间和一以贯之的人文思维,从一家书店开始,打造一个横跨人文、艺术、创意和生活多领域的文创设计平台,经营着台湾地区文创设计从业者的梦想。他说,"诚品"是这个社会时空下"台湾人的集体创作"。

人类最伟大的创作尽在书本当中。活在当今社会,假使没有一点文学和艺术的涵养,日子是很难从容过下去的,因为人类的思维存在于人和自我、人和他人、人和社会、人和天地之间。所以,去哪里买本好书、在哪儿读一会儿书,跟衣食住行一样,早已成为现代人生活的一部分。诚如吴清友先生所言,卖一本八卦杂志和卖一本好书,在 POS 机上可能显示的都是 25 元,但有良心的经营者知道,那是不一样的,这便是诚品书店之于台湾地区、之于华语文化圈的意义。

图 6-13　诚品书店

(2)案例 2：在地文化——掌生谷粒（见图 6-14）。

图 6-14　在地文化——掌生谷粒

一阵36摄氏度的焚风,一场悄悄潜入田间地头的夜雨,或是一声惊雷,会对三个月后收割的谷子产生什么影响?颗粒饱满一些?甜度更高?谷子又会用什么样的方式把这个讯息告诉餐桌上的我们?掌生谷粒创始人程昀仪女士说,掌生谷粒贩卖"台湾人的生活风格",在地文化是台湾地区生活风格的一部分。因为敬天、惜物、爱人,所以掌生谷粒一直保留着美好的手艺和心境。另外,掌生谷粒深入农田,与农户维持亲密关系,采购价格由生产者来定,不议价。

在台湾这座岛屿上,有世界上最高的生物物种密度,如何与更多的生命、物种共荣共好,关乎每个农户的切身利益。坚持自然农法和有机栽种,意味着巨大的风险。掌生谷粒告诉农户,有机的栽作不是叉着腰站在田边指责你做得不好,而是伴随,出现困难一起承担。因为"农作是大地的一场'偶然',即使日复一日、年复一年,收成都不会相同",所以作物收成情况不好时,掌生谷粒满怀赤诚地告诉消费者:掌生谷粒一直与农户站在一起。

很多人都会被掌生谷粒设计金奖级的包装和迷人的文字打动。程昀仪女士说,掌生谷粒有百分之六七十的功夫用在行销上,因为掌生谷粒"卖的不是农产品,不是称斤论两",而是在讲华人的文化,米谷养活了黄种人,"有着厚厚的文化内涵,我们好好讲,可能一辈子都讲不完"。

三、《文物绘说话之湖北篇》文创设计解析

(一)概述

《文物绘说话之湖北篇》的创作初衷,是让在互联网环境下成长的年轻一代知道,文物文化可以不再是冗长并且古板无聊的文字。这种形式可以更容易、更简洁地把文物文化传递给大众。该作品运用了包含大量楚地风土物产和方言词汇的诗歌总集《楚辞》,使文物文化(如对古代月历的称呼)和现代流行词汇相映成趣。

以楚文化代表文物鹿角立鹤及其插画作品为例。在《楚辞》中出现较多的是玄鹤。玄鹤,即黑色的鹤,是神话中的神鸟。《山海经》中记载:"雷山有玄鹤,粹黑如漆。其寿满三百六十岁,则色纯黑。昔黄帝习乐于昆仑山,有玄鹤飞翔。"黄帝是上古五帝之一,玄鹤飞翔是对黄帝的赞美。因而,《楚辞·忧苦》中云:"山修远其辽辽兮,涂漫漫其无时。听玄鹤之晨鸣兮,于高冈之峨峨。"相传玄鹤有德时来,无德则去,以玄鹤象征治世,表现了对美好生活的向往。在《楚辞》中关于鹤的表述还有《楚辞·悼乱》中的:"意欲兮沉吟,迫日兮黄昏。玄鹤兮高飞,曾逝兮青冥"。《楚辞·怨世》中的"枭鸮既以成群兮,玄鹤弭翼而屏移"这两句,将玄鹤比喻为圣德、高洁之人。在古代,玄鹤不仅是贤德之人(如黄帝)的陪衬,还具化为高洁、不与世俗同流合污的贤德之人。

在湖北,最有名的古建筑之一可以说是黄鹤楼了。相传它得名于这样一个传说:"八仙"之一的吕洞宾曾在此乘黄鹤而去。鹤在这里是仙人坐骑,高蹈于世,超越于现实羁绊,象征一种了无挂碍的心灵境界。鹿有"鹿寿千岁"之说,鹿的元素(如鹿角)常用来祈福禳灾,祈求长生。《楚辞·谬谏》云:"同音者相和兮,同类者相似。飞鸟号其群兮,鹿鸣求其友。"用"鹿鸣求其友"来表示万物同类之间相互感应,希求心灵相通、相知之人。《楚辞·悼乱》又云:"鹿蹊兮躖躖,貒貉兮蟫蟫。鹔鹨兮轩轩,鹔鸿兮甄甄。哀我兮寡独,靡有兮齐伦。"鹿不是单独的,它们常常成群出现。借鉴《楚辞》中对鹿、鹤的描述和理解来看待鹿角立鹤及其插画作品时,可体会到,一方面,它表明对贤德、不臣服于世俗的高洁品质的追求,即使生活在泥淖中也不放弃自己的坚守,以及对能理解自己的朋友的寻求,这就像一位孤独之人与生活的抗争,这种抗争不仅在《楚辞》撰写的年代存在,在当今社会依然存在,我们就是一边与生活抗争一边与生活和解,然后逐渐学会成长的;另一方面,它表明对盛世、治世共同的向往与追求,寄托着对未来生活的美好期待。

(二)作品简介

《文物绘说话之湖北篇》将12个荆楚特色文物以及12种月历古称相融合,并进行创作,绘制出12个荆

楚特色文物的文创插画,将其设计成绘本和系列文创物品,在内容呈现形式上不仅仅是平面的、立体的,更是具有数字媒体技术的特色文创设计,传播了荆楚文物文化。

书中的每一个文物还带有其特定的立体纸雕作品,还原文物的真实模样,让平面作品具有立体性,同时还融入了交互设计的内容。对于每一个文物的插画,观众都可通过腾讯 AR 扫一扫,实现特色 AR 互动,使作品和观众之间有更多的互动性。《文物绘说话之湖北篇》围绕湖北省博物馆的 12 种文物元素(见图 6-15)进行设计,将文物的历史气息与当代潮流相结合,为每个文物设计绘制插画(见图 6-16),并配以文案,为文物发声。《文物绘说话之湖北篇》设计的 IP 十分独特新颖,更是为后期的《文物绘说话》中国国宝系列开创全新的模式和平台。

图 6-15　12 种文物元素

(何家辉、汪蒙设计)

续图 6-15

图 6-16　文创插画

(何家辉、汪蒙设计)

续图 6-16

续图 6-16

(三)作品荣誉

获湖北省公益出版基金支持;产品周边已申请国家外观设计专利。

(四)设计团队

汪蒙、林灵莉、熊萧楠、赵永枘、杨安琪、廖宇觉、曹诗琪、周子尧。

(五)学校

湖北工业大学工程技术学院。

(六)指导教师/品牌主理人

何家辉。

(七)十二文物简介

1. 鹿角立鹤

鹿角立鹤为青铜铸制,于1978年湖北随县(今随州市曾都区)曾侯乙墓出土。这是一件合鹿角与鹤身于一体的艺术品,通高143.5厘米,重38.4公斤,鹤细长颈,昂首伫立,舒展双翅,头插一对上翘呈弧形的铜质鹿角,拱背,垂尾,两腿细而长,立于长方形座板之上。鹿角立鹤还被随州市定为自己城市的标志,2007年第八届中国艺术节的吉祥物楚楚就是以鹿角立鹤为原型设计的。

2. 元青花四爱图梅瓶

元青花四爱图梅瓶为元代文物,2006年出土于湖北省钟祥市郢靖王墓,高38.7厘米,口径6.4厘米,底径为13厘米,梅瓶腹部设有4个开窗,绘制四爱图——王羲之爱兰、陶渊明爱菊、周敦颐爱莲、林和靖爱梅鹤,梅瓶釉色白中泛青,色彩青翠艳丽,为元青花瓷器中的精品之作。

3. 战国彩漆撞钟击鼓纹鸳鸯形盒

战国彩漆撞钟击鼓纹鸳鸯形盒为湖北随县曾侯乙墓陪葬品,于1978年出土于湖北随县曾侯乙墓。其为盛器,鸳鸯形,头与身用木分别雕成,颈胸以榫卯连接,可自由转动。全身以黑漆为地,彩绘图案与颜色因部位不同而异,立墙绘彩色漆画,左侧为撞钟图,右侧为击鼓图。此文物不仅是难得的艺术佳作,而且为研究当时演奏钟鼓的情况提供了实例。

4. 越王勾践剑

越王勾践剑为春秋晚期越国青铜器,为国家一级文物,于1965年出土于湖北省荆州市江陵县望山楚墓群中,剑长55.7厘米,柄长8.4厘米,剑宽4.6厘米,剑首外翻卷成圆箍形,剑身修长,有中脊,两从刃锋利,前锋曲弧内凹,因剑身上被镀上了一层含铬的金属而千年不锈,剑身刻有鸟虫书铭文。

5. 曾侯乙编钟

曾侯乙编钟为战国早期文物,为中国首批禁止出国(境)展览文物,于1978年在湖北随县出土,是由65件青铜编钟组成的庞大乐器,其音域跨5个半八度,12个半音齐备。它体现的高超的铸造技术和良好的音乐性能,改写了世界音乐史,被中外专家、学者称为稀世珍宝。

6. 吴王夫差矛

吴王夫差矛为一种春秋后期的刺击兵器，于 1983 年发现于马山 5 号墓中。器身与剑身相似而稍短，中线起脊，脊上有血槽，两面血槽后端各铸一兽首，骹中空，骹口扁圆，通体菱形几何暗纹，基部有错金铭文两行八字，记器为吴王夫差自做，冶铸精良，花纹优雅，保存完好，可与越王勾践剑媲美。

7. 商代大玉戈

商代大玉戈为商代前期玉质仪仗器，于 1974 年在武汉市黄陂区盘龙城李家嘴三号墓出土，为中国首批禁止出国(境)展览文物、国家一级文物，长 73 厘米，玉质为蛇纹石类，属于祭祀礼器，与出兵征战时的祭祀大典有关。该玉戈是目前人们所能见到的最大玉戈展品。

8. 彩绘车马出行图圆奁

彩绘车马出行图圆奁为战国时期文物，于 1987 年出土于湖北省荆门市包山 2 号墓，通高 10.4 厘米，口径为 28 厘米，胎厚 0.3 厘米，周长 87.9 厘米。这件漆奁外壁彩绘了战国时代车马出行的场景，以 5 棵迎风飞舞的树分隔出 4 组互有关联的画面，26 个人物姿态各异，犬豕腾跃，车马有序，情节首尾连贯、过渡自然，是中国最早的连环画。

9. 云梦睡虎地秦墓竹简

云梦睡虎地秦墓竹简，又称睡虎地秦简、云梦秦简，是指 1975 年 12 月在湖北省云梦县睡虎地秦墓中出土的大量竹简，这些竹简长 23.1~27.8 厘米，宽 0.5~0.8 厘米，内文为墨书秦隶，写于战国晚期及秦始皇时期，反映了篆书向隶书转变阶段的情况。该展品为研究中国书法，秦帝国的政治、法律、经济、文化、医学等方面的发展历史提供了翔实的资料，具有十分重要的学术价值。

10. 新石器时代玉龙

新石器时代玉龙为新石器时代石家河文化晚期文物，出土于湖北省天门市肖家屋脊遗址。龙是中华文化的象征，这种早期的龙的形象是猪嘴蜷躯、有角无足，与北方红山文化中的玉猪龙相似。新石器时代玉龙最大径为 3.8 厘米，厚 0.8 厘米，别称"湖北第一龙"，现收藏于湖北省荆州博物馆。

11. 曾侯乙尊盘

曾侯乙尊盘为战国早期文物，于 1978 年出土于湖北随州市擂鼓墩曾侯乙墓中，是中国首批禁止出国(境)展览文物。尊盘通体用陶范浑铸而成，全套器物通高 42 厘米，口径为 58 厘米，重约 30 公斤，铜尊用 34 个部件，经过 56 处铸接、焊接而连成一体，尊体上装饰着 28 条蟠龙和 32 条蟠螭，颈部刻有 7 字铭文。曾侯乙尊盘是春秋战国时期最复杂、最精美的青铜器件。

12. 郧县人头骨化石

湖北郧县人头骨化石是早在 1975 年在湖北省十堰市郧县(今十堰市郧阳区)发现的古人类牙齿化石，1989 年与 1990 年又各发现一具人类头骨化石，这两具头骨化石都保存了完整的脑颅和基本完整的面颅，且第二具更为完整。根据古地磁法测定，化石大致距今 80 万年至 90 万年。

(八)十二文物文案

说明：在标题的选择上，设计团队选择与当下流行的网络用语相结合，这些网络用语自身带有一定的热度,在此基础上根据文物背景特色进行改编,能在表现文物自身的特性时更好地吸引观众(尤其是年轻人,甚至是一些对文物没有了解的小朋友)的注意力,即使观众不了解文物,通过文案也能够使其产生兴趣。

1. 鹿角立鹤文创 IP 文案

　　　　一月　芳岁　鹿角立鹤
　　　　你喜欢鹿角我爱过鹤

　　　　纵使爱好秉性各不相同
　　　　只要你愿意
　　　　山海亦可平

2. 元青花四爱图梅瓶文创 IP 文案

　　　　二月　花朝　四图梅瓶
　　　　小孩子才做选择　我全都要

　　　　只盼春行万里
　　　　暖雨晴风
　　　　广降雨露恩泽
　　　　今后日日百花常驻

3. 战国彩漆撞钟击鼓纹鸳鸯形盒文创 IP 文案

　　　　三月　桃浪　鸳鸯盒
　　　　女为己悦者容
　　　　你喜欢的样子我都有

　　　　理云鬓　描红妆
　　　　唐宋元明清
　　　　你喜欢的样子我都有

4. 越王勾践剑文创 IP 文案

　　　　四月　麦候　勾践剑
　　　　曾梦想仗剑走天涯

　　　　人间四月天
　　　　诗与远方又如何
　　　　怎奈这万里江山还需朕来守候

5. 曾侯乙编钟文创 IP 文案

　　　　五月　鸣蜩　曾侯乙编钟
　　　　你是我一首唱不完的歌

　　　　在仲夏　乘着傍晚的风
　　　　乘着漫天的星　与你听一场响彻岁月的长鸣

6. 吴王夫差矛文创 IP 文案

六月　长匜　吴王夫差矛
不爱江山爱美人

即使成为千古罪人
朕也不愿当全世界的王
只想做你的肩膀

7. 商代大玉戈文创 IP 文案

七月　大庆　玉戈之王
陌上人如玉

世人千万种
但唯有你温润如玉
如夏夜傍晚的风
安抚我一颗躁动的心

8. 彩绘车马出行图圆奁文创 IP 文案

八月　雁来　车马出行图漆盒
万事俱备我只欠你

你说随雁来我便等你
等暮色四合
等万家灯火将亮未亮
等你随踏踏马声而归

9. 云梦睡虎地秦墓竹简文创 IP 文案

九月　霜序　楚简
被安排得明明白白

我想应该给你写封情书的
从篆书到秦隶
从哲学到艺术
万象千罗一一共你细说

10. 新石器时代玉龙文创 IP 文案

十月　阳止　新石器玉龙
转发这只"锦龙"

都是龙的传人又如何
温文尔雅品貌非凡
我才是人群中最闪亮的那颗星

11. 曾侯乙尊盘文创IP文案

　　　　十一月　霜见　尊盘
　　　　你看这个盘,又大又圆

　　　　即使外在纷繁复杂层层叠叠
　　　　若你一层一层撕开这精美坚硬的外衣
　　　　你会发现你是唯一的确定

12. 郧县人头骨化石文创IP文案

　　　　十二月　清祀　头骨
　　　　我的头可不是面团捏的

　　　　人来人往星辰转移
　　　　透过这九十万年的时光与你对视
　　　　我从未将你遗忘在这历史的尘埃中

文物绘说话
文创设计系列

> 课后练习

一、思考题
结合世界各地的文创设计,对比中外文创设计作品的特点。

二、练习题
可以参加近期世界范围内的文创设计竞赛,进行系统的文创设计。要求:探索文创设计竞赛的规则和要求,遵循正确的创作程序,设计中要做到有计划、有步骤,设计完成后一般递交概念图或者实物,做好系统的准备和资料留存。

Wen-chuang Sheji

第七章
文创设计的范式解析

第一节 文创设计案例解析

一、"世界遗产＋文创"——世界文化遗产"唐崖土司城址"文创设计

唐崖土司城址是14—18世纪土家族著名首领唐崖覃氏土司的政治、经济、军事文化中心，共历元、明、清三朝，是中国城市形态和功能格局最完整的一处土司治所遗存。2006年，唐崖土司城址被国务院公布为全国重点文物保护单位。2015年7月，唐崖土司城址作为中国土司遗址组成项目，在第39届世界遗产大会上，成功列入《世界遗产名录项目》。处于新的起点，需要建立新的视觉体系风格，获得一个新的身份，于是提出唐崖土司城址头号核心价值：世遗唐崖，森林咸丰。

对于发展新的形象，灵感来源于民族建筑物和遗址素材。新的视觉传达形象和吉祥物围绕着令人印象深刻的石牌坊和石人马而展开（见图7-1至图7-8）。

图 7-1 吉祥物

（何家辉、胡易冰设计）

图 7-2 公仔包装

（何家辉、胡易冰设计）

图7-3 手绘导览图

（何家辉、胡易冰设计）

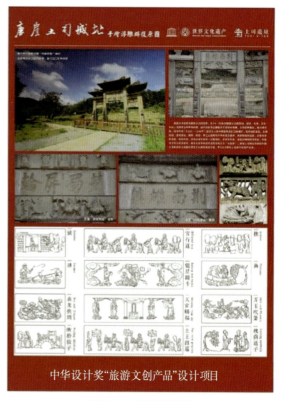

图7-4 手绘浮雕图

（何家辉、胡易冰设计）

图7-5 VI应用

（何家辉、胡易冰设计）

图7-6 唐崖礼盒

（何家辉、胡易冰设计）

图 7-7　周边产品　　　　　　　　　　　　图 7-8　填色绘本
（何家辉、胡易冰设计）　　　　　　　　　（何家辉、胡易冰设计）

二、"中华文明＋文创"——长江符号"图说长江经济带"文创设计

长江符号"图说长江经济带"文创设计对长江经济带文旅产业的品牌数字化研究现状进行了梳理和分析，探索了"中国式"长江文化遗产传承发展新路径，以"从视觉设计的角度支持长江经济带的发展"为使命，通过提供功能和美学上精心设计的数字图形来解读长江经济带，从而尽可能地增强人们对长江经济带视觉系统和不同视角的认知。推动长江经济带发展，是以习近平同志为核心的党中央作出的重大决策部署，是推动新时代文化繁荣发展的重大文化工程，是关系国家发展全局的重大战略，对实现中华民族伟大复兴的中国梦具有重要意义。

长江符号"图说长江经济带"文创设计将长江经济带沿岸省市的自然资源、风景名胜、人文历史、非遗文化内容进行矢量化的图形构建，并将这些矢量图形进行转化，形成包装设计、文创产品设计等内容。每一个板块都饱含着颇具长江文化特色的精神与文明。图形设计以简洁、直观的形象，使信息更利于识别并产生记忆，旨在让更多人了解长江、感受长江、爱上长江。

长江符号"图说长江经济带"文创设计以图标和招贴为核心，将图标进行多元转化，植入于线上的长江经济带公益旅游 App、图说长江天际线微信公众号与线下的 AIT 立体纸艺产品和志宏糕点公益联名食品，从多方面进行输出，宣传长江经济带中各省份的特色文化，并将收益捐赠给相关机构，用于保护长江经济带沿线保护动物和非物质文化遗产。

今天，人们对长江所呈现的秀美壮丽，是期待和眷恋的。当下是全新且巨变的时代，技术、理念、风尚急速更迭，国际局势变化多端……我们处在一个无法预知的世界中。置身于时代的洪流中，该如何与自我、与他人、与环境相处,是每个人都将面对的终极命题。艺术给予了我们回应自然的提问的力量,它指引我们在泥沙俱下的现实中寻找与生态环境平衡相处之道,在濒临灭绝的动物数据中保持反思与勇于批判的精神,在进行关于长江文化、生态、公益的设计时持有一颗赤子之心。(图7-9)

图7-9　图说长江经济带
(何家辉、徐世林、刘妍设计)

三、"乡村振兴＋文创"——乡村振兴战略"印象于都县"文创设计

乡村振兴战略"印象于都县"文创设计提取于都县的红色文化、非遗文化、历史文化、饮食文化、文旅文化等内容，将当代人对于都的印象以视觉图形的方式进行表达，更有吸引力，更具记忆力。这组作品旨在希望于都能一直是大众所熟知的于都（见图7-10至图7-14）。

新长征　新"硒"望——于都县视觉插画包装设计主要表现手法是线性插画。该包装设计从红色于都、生态于都、经济于都、多彩于都四个角度出发，使四种文化内容体现在一张视觉插画中。该包装设计以于都县当地的地标建筑和各类富硒产品为主要创作元素，进行设计并重组，画面整体统一干净，能吸引消费者。视觉插画能整体运用在包装设计中，也可放大局部或使用线稿来延展。

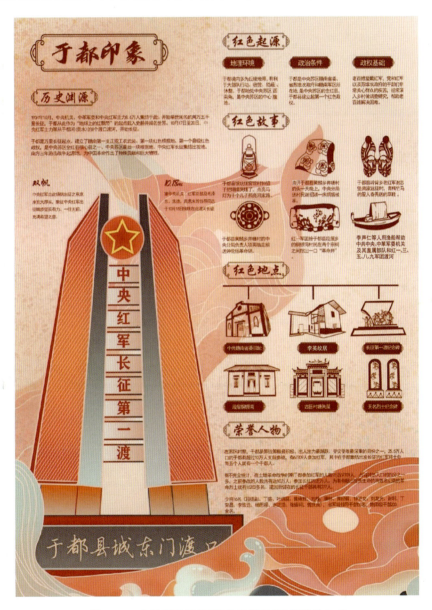

图7-10　乡村振兴战略"印象于都县"文创设计（一）

（何家辉、肖琬瑶设计）

图 7-11　乡村振兴战略"印象于都县"文创设计(二)

(何家辉、肖琬瑶设计)

第七章 文创设计的范式解析

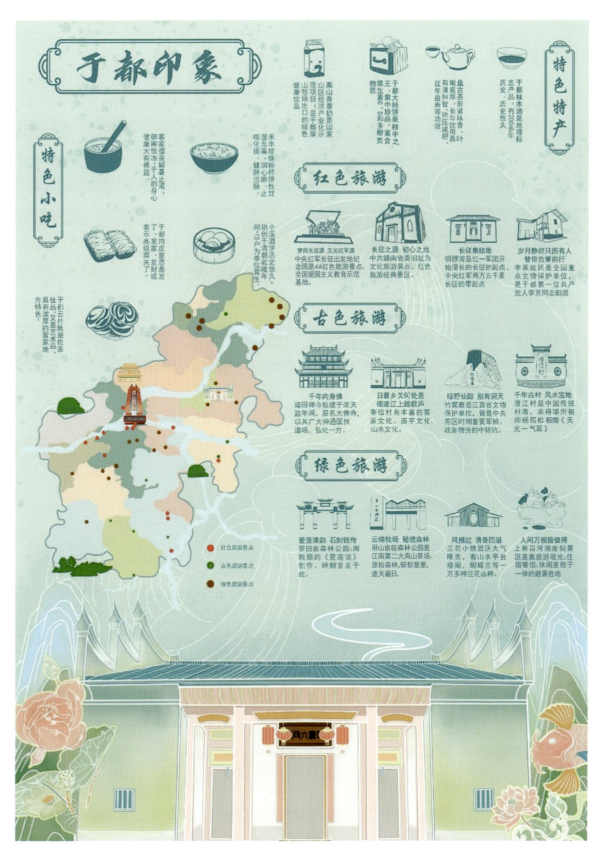

图 7-12　乡村振兴战略"印象于都县"文创设计（三）
（何家辉、肖琬瑶设计）

新长征 新"硒"望
——于都县视觉插画包装设计

主视觉：

设计说明：

新长征，新"硒"望。本包装设计主要表现手法是线性插画，该包装设计从红色于都、生态于都、经济于都、多彩于都四个角度出发，使四种文化内容体现在一张视觉插画中。于都县当地的地标建筑和各类富硒产品为主要创作元素。将其内容符号化，设计并重组。画面整体统一干净，更吸引消费者。视觉插画能整体运用在包装设计中，也可放大局部或使用线稿来延展。

设计元素：

包装展示：

于都盘古茶

于都脐橙

于都𣗋木果油

于都柿饼

图 7-13　乡村振兴战略"印象于都县"文创设计（四）

（何家辉、徐世林、许志威设计）

图 7-14 乡村振兴战略"印象于都县"文创设计（五）
（何家辉、徐世林、许志威设计）

第二节 文创设计的案例创新范式构建

一、文具礼盒设计——晨光"盛世新颜"系列文创文具礼盒设计

项目背景:该系列产品旨在将中国国粹结合现代潮流元素,推出颜值与实用性兼具的文创产品,让新时代的年轻人重新认识并爱上传统文化。

元素定位:基于中国国粹京剧,运用现代时尚的表达手法,将传统文化与现代潮流相结合,推出颜值与实用性兼具的文创产品。

用户洞察:根据消费者调研,目前该系列产品是80后、90后最喜爱的产品之一,具有潜力。

体验升级:礼盒内的单品,基于办公旅行场景设计,将国粹京剧精华带到年轻人的现实生活中。

解决方案:

(1)礼盒外部设计以京剧代表人物为基础,即以生——诸葛亮,旦——虞姬,净——项羽,丑——蒋干为设计灵感,选取人物发饰以及衣服纹理上最具特色与趣味性的部分进行设计创作。

(2)礼盒外部将传统京剧纹样与现代几何图像相结合,选用传统经典浓重的京剧色彩系统,以线条勾勒的方式重新演绎京剧人物形象,传承中国传统文化。

(3)礼盒内部设计结合AR技术,通过手机App扫描礼盒盒盖内侧二维码,诸葛亮、虞姬、项羽、蒋干将跨时空登场,演绎《空城计》《霸王别姬》《蒋干盗书》等京剧经典唱段,使用户领略传统国粹京剧与现代科技相结合的魅力。

文创产品如图7-15所示。

二、敦煌文创丝巾设计

项目背景:恰逢"数字丝绸之路"一周年之际,腾讯文创与敦煌研究院合作,联合洛可可·洛客文创设计团队、羿唐丝绸品牌打造了两款敦煌文创产品——敦煌文创丝巾,献礼己亥年,一同守护中国传统文化。

用户需求:为了将敦煌文化的精髓传递出去,洛可可·洛客文创设计团队历经122天,通过对敦煌壁画深入研究与调研后,以莫高窟辨识度最高的九色鹿形象,作为设计的起点,两款极具敦煌气息的文创产品应运而生。

产品策略:为吸收更多年轻人的创意与想法,敦煌文创丝巾特别推出了DIY设计款,让年轻人通过数字化平台"DIY"一条属于自己的文创产品。

设计灵感:设计灵感来源于敦煌莫高窟第257窟壁画《鹿王本生》中的九色鹿形象和第217窟南壁《佛顶尊胜陀罗尼经变》中右上角的青绿山水。

解决方案:

(1)丝巾中的九色鹿跳出了原壁画中的横卷式构图,在山脉间停留、顾盼、飞奔。洛可可·洛客文创设

第七章 文创设计的范式解析

图 7-15　晨光"盛世新颜"系列文创文具礼盒

计师基于壁画形象将九色鹿形态进行了不同动作的延展,以青绿山水为背景的丝绸之路景象与九色鹿的超然神采彼此辉映。

(2)飞天在有规则的重复连续纹样的排列下,与左下角的九色神鹿飞向同一方向。这款丝巾中的九色鹿如壁画中一样昂首挺胸、正气凛然,寓意神鹿与飞天一起肩负起开拓"数字丝绸之路"的使命。

文创产品如图 7-16、图 7-17 所示。

图 7-16　敦煌文创丝巾设计(二)

图 7-17 敦煌文创丝巾设计(二)

三、红色李巷文创礼盒设计

创新洞察:李巷自然村在苏南抗战中具有重要的战略地位,是中共苏皖区委、苏南行政公署领导机关和新四军十六旅旅部驻地,是苏南抗战的指挥中心,也是溧水地区第一个农村党支部成立地,陈毅、粟裕、陶勇、江渭清、钟国楚等新四军将领曾在此生活过、战斗过。

文创市场发展:红色文创作为发展红色旅游的重要途径,经过多年探索和市场实践,已经成为我国文创开发的重要领域。各地依托红色文化资源开发大量富有特色、受到消费者欢迎的红色文创产品。

设计策略:在礼盒设计上,从李巷的红色资源出发,由李巷为中共江南区党委扩大会议旧址,又是党的培训基地,联想到习总书记话语,以"不忘初心"为主题,与李巷地域特色相结合。首先不忘(新四军)革命前辈的初心,其次不忘党的初心,最后不忘自我(每一个党员的初心)。

设计方向:以不忘初心砥砺前行和不忘初心牢记使命为设计方向,紧紧围绕红色李巷开始设计。

解决方案:

(1)礼盒的插画设计紧紧围绕"不忘初心和红色李巷",描绘了红星照耀着李巷的画面,画面中着重表现李巷的建筑、特产、山林资产和红色资源。

(2)采用文创礼盒等多种形式,整体打造一个有故事情景、有文化范围、有生活气息的红色李巷。

红色李巷文创礼盒设计如图 7-18、图 7-19 所示。

四、庐阳文创品牌及 IP 形象设计

项目背景:庐阳素有"合肥之根、庐州文脉"的美誉,庐阳作为合肥的城市原点,是千万合肥人乡情的承载地,也是合肥品质生活创意体验地,更是合肥城市精神的凝聚地。庐阳文旅集团是推动庐阳文化旅游产业发展的市场主体,致力于推动老城保护更新和乡村振兴战略实施等重点工作。2021 年,庐阳文旅集团邀请南京洛可可共同打造全新的区域旅游文创品牌形象,以提高庐阳文旅品牌的辨识度,进一步增强庐阳区域的旅游竞争力。

品牌打造:庐阳作为合肥的老城区,保持着老城的肌理和基本风貌,历史底蕴深厚,人文与时尚并存。设计团队依托区域定位,围绕三国文化故事体系及庐阳精彩生活文化展开设计,打造庐阳区域专属文创品牌。

品牌策略:以精彩出"庐"作为文创品牌主题,标志融合了庐阳的建筑特色,以及庐阳字面中太阳的元素,寓意着庐阳像初升的太阳一样蓬勃发展。

设计理念:标志图形是对庐阳精神的凝练和弘扬,是外在形式和内在理念相融合的结果。设计标志时,对汉字"庐"重新进行设计,融入城区徽派古建筑元素,使标志在新的基础上保留"古"的概念。在配色上,主体使用老城区砖青色,与古朴的金色相结合,使标志更有力量感,传达稳重、古朴、典雅的韵味。

IP 升级:以三国时期魏吴兵士的形象为基础,同时融汇卡通元素,塑造出既有历史文化溯源也有现代艺术审美的 IP 人物形象。

解决方案:

(1)洛可可设计团队对"庐小胖"形象进行了升级,在保留原有人物特质的基础上进行优化,优化后的形象延展度更高,更利于后期文创产品的开发。根据庐阳的业态延展出三个板块的形象,分别是代表文化的

文创设计的范式解析 第七章

图 7-18　红色李巷文创礼盒设计(一)

图 7-19　红色李巷文创礼盒设计（二）

庐小胖、代表志愿者的庐小志以及科技板块的庐小科。庐小胖在后期还可以根据应用场景变换形象,打造"百变"庐小胖。

（2）洛可可设计团队积极依托三国文化、淮军文化、老城资源,以文旅平台为载体,通过品牌打造、IP升级,彰显庐阳丰厚的历史文化底蕴,擦亮庐阳城市文旅名片。后续也将着力合作打造礼(礼物)、城(古城)、人(生活)、文(文化)四位一体的文化创意品牌,强化庐阳专属品牌烙印。

庐阳文创品牌及IP形象设计如图7-20至图7-24所示。

图 7-20　庐阳文创品牌及 IP 形象设计(一)

图 7-21　庐阳文创品牌及 IP 形象设计(二)

图 7-22　庐阳文创品牌及 IP 形象设计（三）

图 7-23　庐阳文创品牌及 IP 形象设计（四）

图 7-24　庐阳文创品牌及 IP 形象设计（五）

五、云龙区全域旅游品牌形象

楚汉文化：云龙区人文荟萃，最核心的是楚汉文化。"汉代三绝"集中展现了两汉文化精髓，云龙区历来有"两汉文化看徐州，徐州文化看云龙"的美誉。同时，云龙区大力推进城市修补、生态修复的"城市双修"工程项目，云龙山、大龙湖更加赏心悦目，拖龙山、青龙湖焕发勃勃生机。

品牌塑造：品牌形象的塑造是区域旅游发展中的重要一环，一个新颖、具有吸引力的旅游品牌形象，能够起到推广宣传旅游文化，吸引更多的游客以及投资，促进区域旅游经济发展的作用。

元素提取：洛可可设计团队以汉代竹简的形式记录云龙历史，将云龙两汉文化中车马出行图、汉兵马俑、汉阙、楚王像等核心文化元素在品牌标志上进行呈现，同时将"云""龙""山""水"的图形与品牌标志进行有机结合。

IP开发：为提升云龙区全域旅游的亲切感、生动感、愉悦感，彰显云龙独一无二的文旅资源，以云龙大家族的形式呈现云龙吉祥物。

解决方案：

(1)在云龙区全域旅游品牌标志的基础上，围绕云龙特色文化元素进行一系列图形演变，引用汉文化"水德""土德""火德"的典故，以黑、黄、红三色为基础色，结合汉代特色建筑汉阙进行相关延展设计，运用在云龙区全域旅游氛围广告、道旗、导览手册、全域全景图、标识标牌等场景中。

(2)在吉祥物的设计上，借鉴汉代服饰、黄金腰带扣、汉兵马俑等相关文物的元素，卡通化重塑了楚王、解忧公主、小兵俑的形象。同时将云龙特色景点与地域美食进行了拟人化呈现，活化了戏马台独特的建筑形态，拟人设计出陪伴兵小俑出征的"烙馍馓子"吉祥物，以更年轻、时尚、通俗的表现形式去诉说云龙丰富多彩的历史故事。

(3)洛可可设计团队深度挖掘云龙历史，用心提炼特色文化，创新打造全域旅游品牌视觉矩阵，形成了一整套主题突出、生动活泼、群众喜闻乐见的全域旅游品牌形象，充分展示和体现了云龙楚汉文化和山水文化的本质内涵，助力云龙区进一步打造全域旅游示范区。

云龙区全域旅游品牌形象设计如图7-25至图7-30所示。

六、"互联网+"案例解析

中国国际"互联网+"大学生创新创业大赛的参赛类别如下：高教主赛道——新工科类、新医科类、新农科类、新文科类、人工智能+；青年红色筑梦之旅赛道——现代农业、制造业、信息技术服务、文化创意服务、社会服务；职教赛道——创新类、商业类、工匠类；产业命题赛道；萌芽赛道。

"图说长江——数字图形系统赋能长江生态大保护"项目参加了该大赛，参赛类别为青年红色筑梦之旅赛道。在信息时代的大背景下，人们的生活、娱乐和信息获取逐渐趋向碎片化和轰炸式。在这一文化背景下，人们倾向于"读图"，而不再是"读字"。本项目将长江经济带沿岸的特色文化转换为图标，赋予图像说话的能力，从视觉设计的角度支持长江经济带的发展，通过提供功能与美学具备的图形和文字作为解读长江经济带的一部分，从而尽可能地增强人们对长江经济带视觉系统和不同视角的认知。

本项目以图标和招贴为核心，选取长江经济带覆盖的省市，提取文化元素并制作系列图标以及招贴，再通过线上的长江经济带公益旅游App、图说长江天际线微信公众号与线下的AIT立体纸艺产品和志宏糕点公益联名食品,从多方面进行输出,宣传长江经济带中各大省份的特色文化,并将收益捐赠给相关机构,用于保护长江经济带沿线保护动物和非物质文化遗产。

图 7-25　云龙区全域旅游品牌形象设计(一)

图 7-26　云龙区全域旅游品牌形象设计(二)

文创设计的范式解析 第七章

图 7-27 云龙区全域旅游品牌形象设计（三）

图 7-28 云龙区全域旅游品牌形象设计（四）

图 7-29　云龙区全域旅游品牌形象设计（五）

图 7-30　云龙区全域旅游品牌形象设计（六）

七、挑战杯案例解析

挑战杯是"挑战杯"全国大学生系列科技学术竞赛的简称,是由共青团中央、中国科协、教育部和全国学联共同主办的全国性的大学生课外学术实践竞赛。挑战杯在中国共有两个并列项目,一个是"挑战杯"中国大学生创业计划竞赛,另一个则是"挑战杯"全国大学生课外学术科技作品竞赛。这两个项目的全国竞赛交叉轮流开展,每个项目每两年举办一届。

"长江经济带科普绘本的创新编辑与研究"项目对长江经济带文旅产业的品牌数字化研究现状进行了梳理和分析,在研究方法上主要借鉴文化生态学等理论构建思路框架,具体采用文献研究、实地调研、原创设计案例以及定性与定量相结合等方法解析目标路径,从而达到引导人们来关注长江文明的生物多样性、文化多元性、认知系统性的目的。本项目紧扣设计转化赋能利用主题,按照"掌握现状、理顺关系、解析路径、实现目标"的思路,以价值挖掘为基础,以活化原则为依据,以转化利用为核心,以机制升华为关键,以对接长江生态保护为目标,探索"中国式"长江文化遗产传承发展新路径,以"从视觉设计的角度支持长江经济带的发展"为使命,通过提供功能和美学上精心设计的数字图形和文字的科普绘本,解读长江经济带。

关于长江经济带的文创设计如图 7-31 至图 7-40 所示。

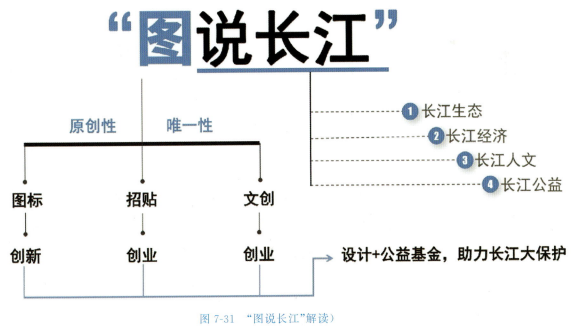

图 7-31 "图说长江"解读)
(何家辉、徐世林、颜硕设计)

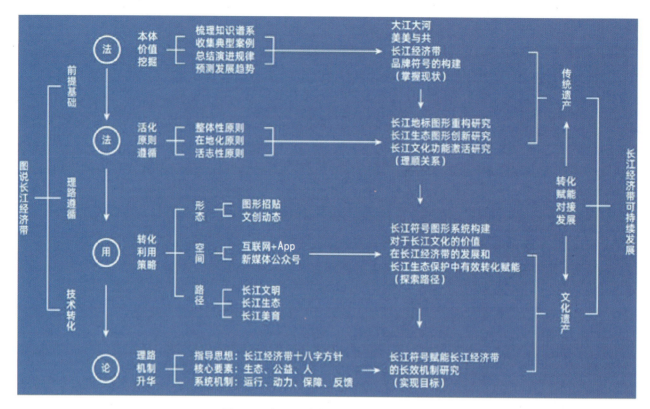

图 7-32 长江经济带可持续发展路径构建

图 7-33 《图说长江经济带绘本》
（何家辉、徐世林、颜硕设计）

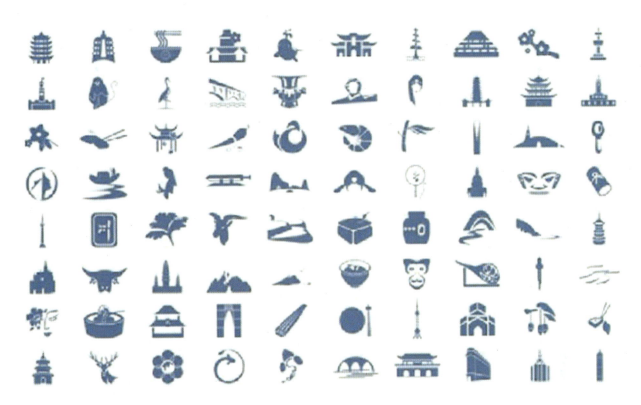

图 7-34　图说长江经济带数字图形系统

（何家辉、徐世林、颜硕设计）

图 7-35　图说长江经济带数字图形色彩应用系统

（何家辉、徐世林、颜硕设计）

海量原创图标

- 识别度高
- 数量多
- 质量高
- 原创性
- 可转化

系列图标释义

将看不见的文化转换成看得见的图形,既方便品牌推广,也能助力当地文化传播。同时,能有效转化赋能,产生新的价值属性。

- 识别度高
- 质量高
- 原创性
- 价值高

黄鹤楼
huáng hè lóu

黄鹤楼,位于湖北省武汉市武昌区,地处蛇山之巅,濒临万里长江,始建于三国吴黄武二年(223年),自古有"天下绝景"之美誉。楼外有铸铜黄鹤造型,胜像宝塔、牌坊、轩廊、亭阁等建筑环绕,整楼形如黄鹤,展翅欲飞,楼下四面悬挂匾额,正南悬书法家舒同题"黄鹤楼"三字金匾。

图标 ⟶ 天际线 ⟶ 立体纸艺 ⟶ 创新与创业 ⟶ 产生价值

图 7-36　图说长江经济带数字图形简介
(何家辉、徐世林、颜硕设计)

图 7-37　长江天际线·志宏糕点

（何家辉、徐世林、刘妍设计）

图 7-38　图说长江经济带文旅产业 UI 设计

（何家辉、徐世林、颜硕设计）

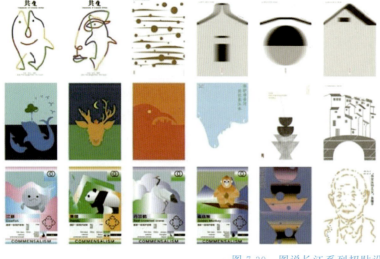

图 7-39　图说长江系列招贴设计

（何家辉设计）

图 7-40　图形重构交互 AI 创作

（何家辉、徐世林、颜硕设计）

> 课后练习

一、思考题

参加创新创业大赛能带给我们什么？

二、练习题

选取一个非遗项目，设计相应的矢量图形。要求：找准设计对象的属性和特点，运用设计表达的手法，如正负形等，设计过程中要做到有计划、有步骤。

参考文献

[1] 沈婷,郭大泽.文创品牌的秘密:从创意、设计到营销[M].南宁:广西美术出版社,2017.

[2] 管宁,陈秋华.创意设计与文化产业[M].镇江:江苏大学出版社,2015.

[3] 施百俊.每個產品都需要好劇本:做文創不能不學的基本功[M].臺北:商周文化事業股份有限公司,2014.

[4] 杨晓波.创意故宫——"紫禁城杯"故宫文化产品创意设计大赛[M].北京:故宫出版社,2017.

后记

时光匆匆,《文创设计》第一版出版至今已有4年,其间重印5次,与成千上万名读者相遇,深感庆幸。我自2007年9月进入高校从事教学工作至今,已有近17年的时间。自2012年第1本书出版至2024年5月已创作10余本图书,这些图书中有些现已被众多学校和企业选作教材、培训用书或工具书。在本书的创作过程中,即便已有10余本图书的写作经验和一线设计实践经历打底,也无法满足当下快速发展的产业需求,会求助于行业内外的朋友。在此特别感谢诸多朋友的鼎力相助与支持。现在该书第二版出版在即,他们功不可没,我会永远心存感激。

对于《文创设计(第二版)》的出版,要感谢湖北省文化创意产业协会会长、湖北工业大学艺术设计学院院长饶鉴教授,湖北工业大学艺术设计学院汪涛教授、副院长周承君教授,武汉民政职业学院艺术设计学院方彬副院长,华中农业大学梁骁教授,深圳市蓝鲸未来科技有限公司董事长杜寒冰、总经理高飞炀,上海美吾文化传播有限公司创始人宋扬,武汉三色鸟创意设计有限公司创始人史召,东意西合(武汉)文化发展有限公司创始人刘力恒,蓝桥杯全国软件和信息化技术专业大赛组委会执行秘书长李艳萍、主任单宝军,以及一直以来帮助和支持过我的湖北工业大学的领导和同仁。同时,要感谢我的三月五号团队成员徐世林、许志威、颜硕、肖琬瑶、吴怡娴。尤其是我的父亲何友明、母亲程文景、岳母李兰姣、夫人胡甜、女儿何紫萱等每一位家人的辛勤付出和鼎力支持。最后,要特别感谢华中科技大学出版社的彭中军主任。由于篇幅所限,还有许多提供过帮助的朋友,恕我不能一一列举,在此一并感谢。

文创设计是问题的解决之道,跨学科、跨专业与艺术相融合、与科技相融合,用智慧、情感创意未来。文创设计首先是一个过程,是制定行动的过程,其目的是将现有的状况变成更合意的状况。设计是一种战略性解决问题的方法和流程,它能应用于产品、系统、服务和体验,从而实现创新、商业成功,提升生活品质。文化创意来源于生活,细微之处见真章,因此我们要多试、多练、多看、多读。我们处于一个信息知识极速迭代的环境中,产品好就能卖得好的时代过去了,产品不仅要考虑功能、审美、使用体验,还要能触动消费者的情感。设计兼具理性的逻辑和感性的延伸,能够洞察到价格、性能之外的潜在价值。不管是从事管理、策划、研发,还是从事营销、公关,都需要具备设计思维,以创造产品或服务的全新价值。这本书不仅是写给设计师看的,也是写给拥有上进心和好奇心的人的,尤其是勇于开拓、坚韧不拔、渴望精进的人。翻开这本书,用设计解决问题、重塑一切、颠覆一切!

愿我们一起用充满善意、爱意和诗意的文化创意,为人们带来美好的设计。

编者 何家辉
2024年3月书于野芷湖畔三月五号工作室

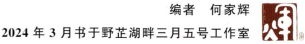